KARL SAPPER
EDUARD SELER
FRANZ TERMER

ESTUDIOS Q'EQCHI'ES:
ETNÓGRAFOS ALEMANES
EN LAS VERAPACES

FUNDACIÓN YAX TE'
1998

Traducción del alemán:
Fernando Peñalosa

Corrección de texto:
Andrés Cuz Mucú

Dibujo de la portada:
Gaspar Pedro González

Yax Te' Foundation
3520 Coolheights Drive
Rancho Palos Verdes, CA 90275-6231
Tel/Fax (310) 377-8763
Correo electrónico: pelnan@yaxte.org
Internet: www.yaxte.org

ISBN 1-886502-20-X

INDICE

•

EDUARD SELER
ANTIGÜEDADES DE COBAN (1891)

Hace poco, me visitó el Sr. Erwin P. Dieseldorf, un joven
originalmente de Hamburgo y dueño de una finca cafetalera
cerca de Cobán. Me mostró algunas muestras de antigüedades
de la región que había traído a Europa recientemente. Él
mismo había excavado algunos; otros junto con el Dr. Karl
Sapper, geólogo Alemán residente por algunos años en
Guatemala. Últimamente Sapper ha publicado en el extranjero
algunos informes interesantes sobre sus estudios
arqueológicos y sobre una visita a los lakantunes tradicionales.

Los artículos que el Museo Real de Berlín había recibido
años atrás de la misma región por medio del Cónsul Sarg
mostraron tan claramente como los encontrados por el Sr.
Dieseldorf, que aquí estamos frente a una cultura
estrechamente relacionada en todos sus aspectos a la de los
mayas. El estilo de las figuras y de los glifos, visibles en
algunos cascos de cerámica, no nos permite dudarlo.

Es interesante haber distinguido dos tipos diferentes entre
las piezas el Sr. Dieseldorf me mostró, dos "grupos culturales",
para usar la expresión introducida por el Sr. Strebel. En cuando
a la ubicación de los artículos, pertenecen a regiones originales
diferentes: la de los q'eqchi'es y la de los poqomchi'es.

El Sr. Dieseldorf ha donado generosamente una pieza
particularmente rara al Museo Real. Es una pequeña vasija
forma de una figura. Se encontró junto con otras dos muy
similares en Santa Cruz cerca de Cobán, en el interior de una
pirámide rectangular de tres a cuatro metros de altura. El

exterior de la pirámide estaba cubierta de piedras; el interior consistía de tierra. Pirámides como éstas pueden encontrarse frecuentemente en la áreas habitadas en la época precolombina.

El nombre local de *tz'ak* utilizado por el Sr. Dieseldorf parece estar relacionado a *tzacualli*, palabra náhuatl que significa 'pirámide de piedra', derivada del verbo *tzacu*, que significa 'adjunto'.

El Sr. Dieseldorf y el Dr. Sapper han excavado tres pirámides de éstas en Santa Cruz, que el Dr. Sapper ha denominado los montículos funerarios norte, medio y sur. Los objetos principales salieron del montículo sur en donde se encontraron las tres vasijas en forma de efigie. Representan unas figuras de rodillas. Los brazos son las manijas de la vasija. La tapa de la vasija es formada por una cabeza esculpida, cubierta de un peinado de un estilo elaborado y aparentemente hecho en forma de una cabeza artificialmente deformada. Las manos están puestas planas sobre el cuerpo y mientras la mano derecha muestra cinco dedos, la mano izquierda muestra únicamente cuatro. En el interior de la vasija se encontraron una navaja de obsidiana y partes de un dedo humano, junto con algo de tierra y algunas cenizas. El Dr. von Luschan ha determinado que los huesos eran del dedo meñique de la mano izquierda.

Las otras dos vasijas pasaron a ser propiedad del Dr. Sapper. En las fotografías que me envió, se ve la misma forma; ambas tenían el mismo contenido que la primera. Desafortunadamente, el Dr. Sapper ya no posee las dos piezas. Envió una al Cónsul Sarg en Guatemala, quien aparentemente todavía la tiene; la otra desapareció durante el transporte, aparentemente habiéndose roto. Las navajas de obsidiana y las partes de un dedo se han encontrado no sólo en estas tres vasijas de efigie. El Dr. Sapper escribió que tiene unas vasijas sin decoración que tenían el mismo tipo de contenido.

Es un hecho conocido que las tribus indígenas del norte así como también el sur practicaron la costumbre de cortarse los dedos. Era parte de la automutilación, que el guerrero joven tenía que infligirse durante la ceremonia de la tribu Mandan a fin de asegurar la protección de los dioses para su carrera militar. Tenía que dejar que le cortaran uno o varios dedos de la mano izquierda, que había puesto sobre la calavera de un bisonte. Entre los Charrúas y otras tribus que vivían en las áreas remotas de Uruguay, Argentina, y Brasil, el desmoche de dedos era señal de luto. Era una costumbre establecida, por ejemplo, a la muerte de un cónyuge. Yo no había oído de tal costumbre entre las culturas antiguas de Centroamérica, así que la prueba documental de la existencia de esta costumbre, atestiguada por los objetos encontrados, es de máximo interés.

••

KARL SAPPER
ALIMENTOS Y BEBIDAS DE LOS
Q'EQCHI'ES (1901)

Si bien la investigación etnológica parece limitarse a las encuestas de la cultura espiritual y material de otras sociedades, su modo de subsistencia, así como también la preparación de sus alimentos y de sus bebidas merecen nuestra atención. Si en los renglones siguientes trato en forma detallada la cocina mesoamericana, temo que el científico estricto no vaya a apreciar el tema, creyendo que es demasiado mundano. Por otra parte, espero despertar el interés de las amas de casa alemanas y me sentiría sumamente complacido si pudiera fomentar cierta comprensión entre algunas señoras alemanas, de las realizaciones gastronómicas de sus hermanas indígenas en las chozas de Guatemala.

Desafortunadamente no puedo invitar a las amas de casa alemanas a probar las recetas aquí descritas, porque las materias primas y las herramientas necesarias para su preparación comúnmente no se consiguen en Alemania y también porque los alimentos indígenas normales no apetece inicialmente al gusto europeo mimado. Sin embargo, puedo asegurar al lector, de mi propia experiencia, que comúnmente se llega a apreciar esos alimentos en el curso del tiempo. Después de volver a Alemania se recuerdan con gusto y a veces hasta con nostalgia.

La cocina indígena es esencialmente la misma en todas partes de Guatemala; sin embargo deseo limitarme específicamente a la de los q'eqchi'es, porque estoy mejor informado sobre la preparación de sus alimentos y bebidas como resultado de los muchos años de residencia que pasé en su medio. A la vcz, puedo dar los nombres en el idioma q'eqchi'.

El maíz *(ixim)* es la base de la subsistencia de los q'eqchi'es, como lo es para todos los indígenas de Mesoamérica. Los trabajos importantes de sembrar y cosechar se acompañan de rezos especiales, ritos, y reglas de abstinencia. Como resultado de sus actitudes mixtas especiales, es a su antiguo dios de la naturaleza Tzuultaq'a (el Dueño de la Montaña y del Valle) a quien dirigen sus plegarias, y no al Dios cristiano. Puesto que ya hace tiempo que escribí sobre estas costumbres interesantes, hay muy poco para informar aquí, para ampliar y corregir mis artículos anteriores. (Capítulo __ de este libro; Sapper 1895, 1897) Aparte de los rezos importantes a Tzuultaq'a, algunos indígenas hacen reverencia al Dios cristiano para no insultarlo. En este caso van a la iglesia nueve días antes de sembrar el maíz y queman cierta cantidad de candelas (de 12 a 23). Durante los cinco días que preceden la siembra del maíz no se puede comer carne, hierbas o elotes. Además, hay que ser abstemio no solamente durante los cinco días antes, sino también otros dieciséis días después de la siembra. Por lo tanto, la gente recién casada generalmente no participan en la siembra, dejando este trabajo a los mayores de edad.[1]

La alta vegetación del matorral y del bosque se habrá cortado y quemado de antemano; el mero día de la siembra (el 25 de abril o unos pocos días después) el agricultor va a su milpa acompañado por algunos amigos. Cada hombre trae un palo bastante largo con que hace un hoyo en el suelo. Entonces sacan los granos de maíz *(ixim)* de un morral bien tejido *(awleb')* y echa de tres a cinco granos en cada hoyo, cubriéndolos después con un poco de tierra. Así caminan en surcos largos por un pedazo de terreno limpio que frecuentemente se ubica sobre laderas empinadas. Normalmente terminan el trabajo de sembrar *(awk)* el mismo día.

Después de que el maíz ha brotado, el campo se deshierba *(aq'irk)* una vez o dos veces con machete y en octubre se lleva a cabo la cosecha *(q'olok)*. En tierra baja se siembra y se cosecha unos meses antes.

Las mazorcas sanas se amontonan en un área especial *(tusuk)*; las mazorcas, pequeñas, defectuosas *(xkok'al,* 'los hijos de la mazorca') se amontonan aparte. Los indígenas almacenan el maíz en ranchito. El único cuarto sirve de sala, dormitorio y cocina. El fuego se mantiene día y noche. Se ubica en algún lugar en el piso del rancho. Los utensilios de cocina se ponen sobre tres piedras bastante grandes *(k'ub'* o *tenamaste)*.

Se puede mencionar rápidamente el equipo total de la cocina maya. Hay una olla grande redonda *(uk'al)*, algunos apastes *(emel)*, las vasijas pequeñas y profundas *(xaar)* que sirven para calentar agua, y por último el comal (de la palabra náhuatl *comalli, k'il* en q'eqchi').

Debemos agregar por supuesto ciertas tinajas *(kukb'* o *kuch)*, que las mujeres normalmente llevan en la cabeza para traer agua; las tazas cerámicas *(sek')*, ahora mayormente importadas de Europa; las tazas hechas de la fruta del morro *(joom)*; tecomates altos *(su)* y planos *(seel)*, junto con algunas canastas *(chakach)*. Así, el equipo de la cocina no nos parece tan escaso. Ya que la casa carece de chimenea y no tiene ninguna abertura excepto la puerta y ya que la leña se moja con frecuencia durante el invierno, el interior ocasionalmente se llena de un humo insoportable. Este humo penetra la piel y todas las prendas de vestir, creando el olor característico de la población maya.

Antes de preparar los numerosos platillos de maíz, se quitan *(mich'ok)* las hojas de la mazorca *(humal)* y entonces se quitan los granos del elote a mano *(iximak)*. Luego se mete el maíz en una olla grande *(uk'al)* junta con agua fría y algunas cenizas o rara vez cal quemada. La mezcla se remueve *(yuli)* y se cuece sobre el fuego hasta que hierva. Después de hervir una hora u hora y media el maíz se vierte en otra olla. Todo esto sucede durante la tarde. Al día siguiente por la mañana el maíz se lava *(ch'ajok)* en agua fresca para desprender los cascos *(ix)* de los granos y la mujer comienza a moler *(ke'ek)* el nixtamal *(b'uch)* en su piedra de moler *(ka)*. Puesto que el maíz no se hace suave con la primera molida *(poch'ok)*, se muele por segunda vez *(hesok)* y tercera vez *(litz'ok)*.

La masa *(q'em)* que resulta de esta molida ahora forma la base de toda clase de platillos y su preparación forma la gran parte del trabajo diario de la mujer maya. En las familias más grandes, las adolescentes tienen que ayudar con mucha diligencia con la molienda del maíz. También se puede ver con bastante frecuencia pequeñas piedras de moler para las niñas, sobre las cuales ellas aprenden por jugar, preparándose para su oficio futuro. Y se ven niñas de tres o cuatro años que acompañan a sus mamás a la pila de agua y llevan un poco de agua a la casa en unos jarritos chiquitos *(kuk'b')* en la cabeza. Desde una tierna edad aprenden este oficio a fondo, el cual es especialmente difícil a causa de las veredas empinadas.

El alimento hecho de maíz más importante es la tortilla *(wa* o *xorb'il)*, el sostén de todas las comidas mayas. La mujer toma un pedazo redondo de masa y lo forma con las manos, dándole vueltas y golpeando la masa para hacer una tortilla plana *(xorok*, 'formar') y la pone en el comal *(k'il)*, puesto sobre el fuego. La voltea después de unos minutos y después de otros pocos minutos quita este alimento sabroso y apetitoso. Entonces se envuelve la tortilla en una servilleta *(masb'a'e)* y se mete en una jícara *(seel)* para mantenerla lo más caliente posible hasta la hora de comer.

Caractericé este alimento como "apetitoso" a propósito ,porque las mujeres q'eqchi'es como regla general son extraordinariamente limpias y tienen el hábito de lavarse las manos innumerables veces durante el día. Por lo tanto se pueden comer estas tortillas con una mejor conciencia que el pan de una panadería europea, mayormente porque el viajero mismo está en condiciones de observar su preparación.

A pesar de eso debo confesar que viví varios años en Mesoamérica antes de que me apetecieran. Mi paladar tardó mucho en acostumbrarse a su sabor algo extraño. Al principio de mi estancia, aunque una indígena monísima formara y golpeara la masa en frente de mis ojos con sus manos delicadas, el producto todavía se veía burdo y desapacible hasta que el hambre y el tiempo lentamente me enseñaron a apreciarlo más.

Normalmente se preparan las tortillas sin sal entre los q'eqchi'es, pero las consideran más sabrosas si pueden agregarles un poco de sal. Si no hay sal, agregan chile *(Capsicum annuum)*, como esto parece ayudar la digestión de tortillas. Llegué a esta conclusión porque a mis cargadores se les olvidaba el chile durante nuestros viajes tan pronto como comenzaron a comer los platillos de arroz más digestible en vez de sus tortillas. Pero volvieron a comer chile cuando entraron en las áreas donde podrían conseguir nuevamente las tortillas de siempre.

Aparte de las tortillas, la masa *(q'em)* muchas veces se usa para hacer tamales *(pochb'i)*. La mazmorra se amontona *(tz'eneb'ank)* sobre la piedra de moler, entonces se mete en una canastita. Entonces las bolitas de mazmorra se envuelven en las hojas de una planta que los q'eqchi'es llaman *mox* o *moxl* y nuevamente se meten en la canasta. Al día siguiente esta masa se cuece con mucha agua y se hierve una o dos horas hasta que los tamales estén completamente cocidos.

Estos tamales siempre se comen en grandes cantidades durante la época de la siembra.

Hay una variedad de tamales que se llama *ub'en*, a los cuales se les agrega carne de puerco a la masa, se envuelve en hojas y se cuece en una olla grande sobre el fuego cuatro o cinco horas. Sebastián Botzoc, mi asesor y compañero de viajes por muchos años, no supo cuánto tiempo tarda la preparación, de modo que agregó ingenuamente: *naq te'xnaw li ixq jo'q'e naraj li chaq'ak*; ('bien, las mujeres saben cuánto tiempo se necesita para cocinar la carne').

Otra variedad de tamales es el *xep*, que se prepara agregando frijoles crudos *(Phaseolus vulgaris)* mezclados con la masa; entonces se envuelven en hojas de *akb'* o *chochokl* y se cuecen en agua unas cinco horas.

Con el propósito de dar una idea de una receta maya voy a presentar aquí el texto q'eqchi' de una con una traducción literal:

toj	*rax*	*li kenq'*	*te'xk'e*	*chi sa'*	*li q'em*
Todavía	verde	los frijoles	se meten	en masa	de maíz

chiru	*li ka'*		*lanb'il se'*
encima de	la piedra de moler.		Envuelto en

li akb'	*se'*	*li chochokl*	*kiib'*
hojas de akb'	en	las hojas de guajiniquil	dos

li xlanleb'	*xpochb'al*	*na'ok wi'*
tipos de envoltura	para tamales.	Se mete

chik	*se' li uk'al;*	*kela'*	*chi sa'*
nuevamente en	la olla;	agua fría	para adentro;

najt twanq se' li xam;   hoob' honal tana.
largo está en el fuego; cinco horas quizás.

Hay una variedad de tortilla que se llama *sukuk*; se meten
frijoles cocidos y molidos entre dos capas de masa y entonces
se asan sobre el comal como si fueran tortillas. En cambio,
tz'u'uj son tortillas que tienen frijoles enteros cocidos
mezclados en la masa y luego asados sobre el comal.

Una variedad muy importante de tortillas son los totopostes
(*k'orech,*) que pueden conservarse durante uno o dos meses.
Se hacen de gran tamaño y se secan *(xujanb'il)* lentamente
una hora sobre un fuego bajo. Son un alimento óptimo para
los viajes más largos, cuando las tortillas frescas podrían
enmohecerse en unos días y luego fermentarse.

Si el maíz que se usa para las tortillas todavía no está bien
sazón los q'eqchi'es llaman el alimento que resulta *rax ixim*,
que literalmente significa 'maíz verde'. Estas tortillas tienen
mejor sabor que las hechas de maíz sazón, pero son menos
digestibles para los estómagos sensibles. También se hacen
tamales del maíz aún no bien sazón *(iswa)*. Éstos normalmente
se envuelven en hojas verdes de maíz *(humal)* y son deliciosos.
Si se mezcla panela *(xkab'e li utz'ajl)* con la masa hecha de
maíz aún bien sazón y luego se cuecen estas tortillas
rectangulares sobre el fuego *(xpomb'al)*. El resultado se llama
k'uluj o *iswa*, un producto que a veces se vende en el mercado
de Cobán.

La masa no solamente se usa para los alimentos sólidos,
sino también para bebidas. Una bebida refrescante es *rax
uq'un* ('atol verde o nuevo'), el agua de masa que se le ofrece
a todo viajero que visita una casita indígena. Simplemente se
mezcla con la mano en agua caliente. Esta bebida es un
refrigerio verdaderamente ideal y extraordinariamente
digestible en las tierras húmedas, cálidas y extraordinaria-

mente montañosas de la Alta Verapaz. Al europeo que viaja a pie rápidamente le empieza a gustar. Aunque los mayas de la Alta Verapaz habitualmente mezclan solamente agua caliente con la masa por razones higiénicas, los indígenas del sur de México y del norte de Guatemala prefieren tomar una mezcla de agua fría y masa, que frecuentemente ya está fermentada *(posol)*. A los q'eqchi'es no les gusta esta bebida fría. Sin embargo, les gusta una bebida caliente, parecida a *rax uq'un*, hecha de maíz aún no bien sazón que se llama *matz'* o una bebida de maíz tierno *(mux'aj)*. Las mujeres usan la palabra *uq'un* ('atol') para referirse a una bebida hecha por moler el maíz tres veces, agregar agua, y dejar la mezcla sobre el fuego de noche. Al día siguiente por la mañana se quitan los cascos suavizados. Los ladinos usan la palabra *atol* (del náhuatl) para describir la masa ordinaria cocida en agua.

Ya hemos afirmado que los totopostes proporcionan una parte de la subsistencia de los q'eqchi'es cuando están de viaje; otro alimento para el viaje es la harina de maíz duradera *k'aj* ('pinol', palabra española del náhuatl). Para preparar *k'aj*, se asa maíz sin cocer en el comal *(k'il)*, entonces se muele sobre la piedra de moler; la harina de maíz que resulta se mezcla con agua caliente o tibia para hacer una bebida que tiene un sabor inusitadamente refrescante y deleitoso. A diferencia de los mayas de la Verapaz, la población mestiza de Nicaragua mezcla la harina de maíz con agua fría y agrega una cantidad pequeña de cacao, azúcar y pimienta. Así producen *tiste*, la bebida bien conocida como la bebida nacional de Nicaragua; los habitantes de Costa Rica se refieren a los nicaragüenses como *pinoleros*, o sea bebedores de pinol.

Hasta hoy en día *rax uq'un* y la bebida hecha de *k'aj* son las bebidas principales de los q'eqchi'es, si bien estas bebidas se ven más y más reemplazadas por el café.

El maíz es no solamente el ingrediente principal de estas

bebidas refrescantes y saludables, sino también es un ingrediente de las bebida alcohólicas de los indígenas. Anteriormente probablemente se hacía la chicha *(b'oj)* exclusivamente de maíz. En la actualidad los q'eqchi'es toman tallos muy pequeños de caña de azúcar *(utz'aj)*, los trituran en un molcajete, agregan una cantidad igual de harina de maíz no fresco, tal vez un poco echado a perder, y la enrollan dentro de unas hojas. Las hojas se ponen en una olla de barro pequeña que se cuelga unos dos metros y medio arriba del fuego y se deja unos tres días. Luego que se haya fermentado esta mezcla, se exprimen *(yatz'ok)* grandes cantidades de caña de azúcar. Meten este jugo de azúcar en una olla grande y agregan una pequeña cantidad de la mezcla fermentada. Entonces se permite que este líquido se fermente uno o dos días, y luego se consume en cantidades increíbles durante los días de fiesta.

Puesto que la producción de bebidas alcohólicas es un monopolio del Estado, la chicha tiene que producirse en secreto. Para los días de fiesta los mayas compran algunas tinajas de chicha con autorización oficial. Entonces se muestran prominentemente en el local de la fiesta, para una posible inspección oficial. Sin embargo, permanecen llenas hasta el final de la fiesta, mientras que los contenidos de varias vasijas ocultas innumerables remojan las gargantas siempre sedientas de los hombres, mujeres y niños.

Al ver a los mayas bien bolos, tanto hombres como mujeres, se puede observar que esta gente, normalmente tan mansa y tranquila tiene algo en común con las figuras indígenas de las novelas de Cooper, específicamente su predilección por el guaro. En defensa de los q'eqchi'es, puede decirse que estos indígenas normalmente son muy fidedignos, por lo menos en las áreas rurales, donde están muy lejos de las dichas de la civilización moderna y que se emborrachan solamente durante los feriados principales. Sin embargo, no es desaprobado, así como en la época precolonial hasta los reyes y los dignatarios más altos se emborrachaban abiertamente. A algunas personas les ordenaron que permanecieran lejos del festejo para poder llevar a cabo los asuntos necesarios del estado durante este período, pues el rey mismo era incapaz de conducirlos.[2]

Los elotes tiernos (*k'ux* o *raxhal*) también se asan y tienen muy buen sabor. Aparte del maíz, los frijoles *(kenq')* es el alimento principal de los indígenas. Son de una variedad negra, *Phaseolus vulgaris* que se siembra alrededor el Año Nuevo y otra vez a fines de junio; se cosecha después de tres meses.

Los frijoles nuevamente cosechados se almacenan dos o tres semanas en el tapanco *(chib'een li che')* hasta que se sequen. El tapanco se construye poniendo ramas de un horcón a otro. Ya secos, se bajan los frijoles y se quitan las vainas golpeándolas con palos, para que los frijoles limpios pueden almacenarse en bolsas.

Para preparar los frijoles para comer, se meten en una olla grande con agua fría y un poco de sal; se cuecen de tres a cuatro horas. Entonces los frijoles pueden comerse sin agregarles nada, o se puede agregar un poco de manteca a los frijoles colados. Para servir de alimento de viaje, se muelen los frijoles en la piedra de moler, se asan con manteca y se envuelven en hojas verdes.

El compañero imprescindible de todo las comidas mayas es el chile (Capsicum annuum; *ik*). No es un alimento nutritivo, pero se aprecia como una ayuda para la digestión y a la vez, durante las caminatas vigorosas como un estimulante contra el agotamiento. El chile se siembra en agosto y se cosecha después de diez a doce meses. Luego la fruta se seca en un armazón de madera *(ch'ixb')* sobre el fuego y ya está para el consumo o para la conservación. Para los propósitos del viaje el chile seco se muele en la piedra de moler y este polvo de chile *(k'aj ik)* se envuelve en hojas de maíz.

Una adición frecuente a la comida maya es la yuca *(Manihot utilissima; tz'in)*. Se siembra alrededor del Año Nuevo al poner un pedacito de yuca en la tierra y cubrirlo con un poco de tierra. La nueva planta brota dentro de dos a tres semanas. Las raíces se cosechan después de unos seis meses; su corteza insalubre se pela *(mich'ok)*; las raíces se lavan, se cortan y se cuecen dos horas en agua sin sal. Entonces la yuca ya está lista para el consumo *(t'akab'anb'il)*. De vez en cuando se cuece la yuca en jugo de caña *(kab'inb'il)* o se asan las raíces directamente sobre el fuego *(pomb'il)*.[3]

Igualmente como en el caso de la yuca, el camote *(Batata edulis; is)* se hierve, se asa, o se cuece en jugo de caña de azúcar *(t'akab'anb'il is; pomb'il is; k'ab'inbiil is)* y se come. La raíz de un tubérculo comestible *(piyak')*, que se da solamente en tierra baja, se come únicamente después de asar.

El ayote *(k'um)* es un tipo de calabaza; habitualmente se siembra en agosto y madura en abril. Se corta en muchos pedazos, se mete en agua fría, y entonces se cuece sin sal de tres a cuatro horas. También puede cocinarse en jugo de caña de azúcar que produce un plato delicioso recordativo de puré de manzana.

El chayote o güisquil *(ch'ima)* es la fruta carnosa de una planta de tipo liana *(Sechium edule)* que normalmente se cuece en agua y tiene buen sabor. Una hierba comestible *(ichaj)* así como los retoños de algunas otras plantas silvestres *(maak'uy* o *tz'ojl)* también se cuecen rápidamente en agua salada y se comen como vegetales.

Así la mesa indígena está bastante bien provista de vegetales cuya variedad se aumenta aún más por un gran número de frutas, el más importante de las cuales es el banano *(tul)*. De esta fruta la variedad pequeña (guineo) o la más grande (*saqitul* o *tz'ultul*) ya sazona se cuece en agua, se asa sobre el fuego, se come cruda o se rebana y se fríe en manteca. Los q'eqchi'es comen los bananos verdes, o cocidos o asados, solamente en tiempos de escasez de alimentos. Los indígenas de Nicaragua y Costa Rica los comen regularmente, porque tienen fécula y son un alimento excelente.

Otras frutas que se comen con frecuencia son las naranjas (*chiin*), limones *(lamunix)*, piña *(ch'op)*, anona (*tz'uumuy* y *pox*), aguacate *(o)*, injerto *(raxtul)* zapote *(saltul)*, chicozapote *(muy)*, mangos, caña de azúcar y muchas otras.

La carne se encuentra bien raramente en la cocina maya, porque los animales salvajes se consiguen difícilmente en la Alta Verapaz, tan densamente poblada. Las condiciones económicas no les permiten a los mayas el lujo del consumo diario de carne de res. La carne o se cuece (*chiqb'iltib'*) o se asa *(pomb'il o sisamb'il wakax)* [si es carne de res] en una brocheta. El caldo de carne *(xya'al)* frecuentemente tiene condimentos agregados como sal, chile, cebollas, ajo, repollo u otras plantas. Si un maya logra obtener una cantidad grande de carne de res, la conserva por cortarla en fajas angostas, metiéndolas en sal unas horas y entonces secándolas en el sol o sobre el fuego (*taxanx*, 'tasajo').

Si logran matar un cerdo *(kuy)*, primero dejan que se escurra la grasa; entonces asan la piel y pedacitos de carne para hacer chicharrón *(chiron)*; la carne misma no se cuece en agua, sino que se pasa por vapor (*chinamb'il, tuhanb'il*) en un armazón de madera (*ch'ixb'*) sobre el fuego, de modo que la manteca se escurre a las llamas y se quema. Así cuando la carne de puerco ya tiene poca grasa, se cuece en agua salada y se consume. La mayor parte de las especies de animales salvajes se preparan de la misma manera, puesto que a los q'eqchi'es no les gustan los alimentos con mucha grasa.[3]

El pollo *(chiilan)* y el chompipe *(ak'ach)* se cuecen en

agua; nunca se fríen. Los huevos se comen solamente duros; y comúnmente el huevo se escalfa en el agua sin la cáscara. Algunas personas progresistas se han acostumbrado a los huevos fritos estrellados, pero en general es bastante imposible convencer a los indígenas a comer un huevo pasado por agua. Un día cuando traté de darle un huevo crudo a uno de mis mozos, como medicina contra la disenteria, según el consejo de un médico, el hombre me dijo horrorizado que prefería morir que comer un huevo crudo.

He mencionado algunas de las bebidas de los q'eqchi'es hechas de maíz y agua. Aparte de la chicha, el aguardiente ha encontrado entrada aquí como en otras partes, siendo el artículo más intruso de la civilización europea. El café también ha logrado una distribución general durante las últimas décadas, porque los indígenas mismos han comenzado a cultivarlo hasta cierto grado. De una manera acelerada el café hasta ha comenzado a reemplazar el cacao, la antigua bebida festiva y de lujo. Silvestres o cultivados, los árboles de cacao crecen únicamente en tierra caliente. Puesto que los q'eqchi'es normalmente viven en las regiones montañosas más altas, el cacao tenía que importarse y llegó a ser una bebida bastante cara. Por lo tanto, su consumo cada vez más se limita a las ocasiones especiales.[4]

Los granos sazones de cacao se sacan de las vainas y se sujetan a un proceso de fermentación. Después de secarse en el sol e inmediatamente antes de consumirse, los granos se tuestan en el comal se muelen en una piedra de moler que se ha calentado. La pasta de cacao se mezcla con agua caliente, y comúnmente tiene diversos condimentos aparte de azúcar (como pimienta, canela, clavos o vainilla). Puesto que los granos de cacao se tuestan poco antes de consumirse y dado el hecho de que se mezcla cierta cantidad de crema de cacao nueva en la bebida, tiene una aroma fino y un sabor sumamente deleitoso, uno que el cocinero europeo no puede lograr nunca con los viejos polvos de cacao desaceitado.

Para terminar, quisiera llamar una atención especial a este hecho, porque temo que el resto de mi historia no haya fomentado ningunos celos especiales en los corazones de las amas de casa alemanas por la proeza culinaria de sus colegas mesoamericanas.

●●●

KARL SAPPER
FRAY BARTOLOMÉ DE LAS CASAS Y LA VERAPAZ (1936)

Cuando llegué a la Alta Verapaz en 1888, en donde viví por doce años, me asombré por la mayoría extraordinaria de indígenas, quienes afuera de las ciudades y de los pueblos más grandes parecen ser casi la única población. Cuando se hizo un censo de la población en 1893, se confirmó que en este departamento los indígenas constituía el 95 por ciento de todos los habitantes. Resultó ser un porcentaje mucho más grande que en cualquier otro departamento del país. Cuando me involucré más la historia del departamento se hizo claro que a fin de cuentas las estadísticas citadas arriba remontan a la actividad de un solo hombre valeroso, odiado por muchos pero también querido por muchos, el defensor de los indígenas, Fray Bartolomé de las Casas.

Ya de joven, este gran hombre había propuesto energéticamente una conversión pacífica de los indígenas y los había defendido después en su libro *De unico vocationis modo*. Llegó a Guatemala por primera vez en 1531. Entonces Pedro de Alvarado ya había invadido la mayor parte de la región de la República de Guatemala actual. Únicamente los mayas que vivían en el área al norte del Río Motagua y al este del Imperio K'iche' y del Río Chixoy habían conservado su independencia, después de que tres intentos de conquista militar habían fracasado. No se planificaron más intentos y al territorio que todavía estaba libre se dio el nombre *Tezulután*, o sea La Tierra de la Guerra.

Cuando Las Casas regresó a Guatemala en 1535, los

invasores locales se rieron de sus ideas y sugirieron que debería de probar su suerte en Tezulután. Sin más pensar, Las Casas le pidió permiso al Obispo Marroquín. El Gobernador Maldonado decretó el 2 de mayo de 1537, que los indígenas locales no podrían distribuirse a nadie y que a excepción de los sacerdotes y el Gobernador a ningún español no se le permitiría entrar al territorio dentro de los próximos cinco años.

El hombre ya de mediana edad empezó a trabajar con un celo juvenil y sabiamente comenzó su tarea produciendo con dos compañeros un poema educativo en el idioma k'iche' sobre la Caída del hombre, la vida de Cristo, etc. Se le puso música con acompañamiento a todo este poema. Entonces Las Casas y sus compañeros enseñaron este poema en su forma musical a cuatro comerciantes indígenas que habían comerciado mucho tiempo en el área de Tezulután. Lo aprendieron de memoria y luego se fueron a vender. Además de su mercadería normal se llevaron tijeras, cuchillos, espejos, campanas y otros objetos españoles para llamar la atención de los indígenas. Comenzaron su trabajo en el principiado de Rabinal, donde el príncipe, consciente de las ocurrencias inusitadas, se interesó en la religión. Estableció una relación con los padres, los invitó a su capital, y pronto se bautizó allí junto con muchos de sus súbditos. Poco después Las Casas y sus compañeros ampliaron sus actividades y llevaron el cristianismo a Cobán y sus alrededores.

Era muy importante para estas empresas que el Papa Pablo III decretó un Breve Apostólico *(Sublimis Deus)* el 10 de junio de 1537, en que los indígenas se reconocieron expresamente como verdaderos humanos capaces de convertirse al cristianismo. Este Breve, según Remesal (1932:177), se debe a la influencia de los dominicanos – Fray Bartolomé de las Casas, Fray Domingo de Betanzos, y Fray Bernardino de

Minaya – porque éste habló personalmente con el papa al respecto.

Las Casas disfrutó de gran prestigio en la corte y si él era uno de los autores de este breve, se podría presumir que había metido la mano en la redacción de otras leyes coloniales importantes de España.

Entre las determinaciones más importantes para los mayas de la Verapaz logradas por Las Casas era la interdicción del Emperador Carlos V (1540) que ningún español podría entrar al territorio misionero dominicano de Tezulután durante cinco años (Remesal 1932, 1:226). Como resultado de esta prohibición, que parece haberse prolongado repetidamente, el territorio se salvó por mucho tiempo de los conflictos e incursiones que habitualmente causaban los invasores españoles en otras áreas. Aun más importante era el hecho de que de este modo se evitó la mezcla de sangre que ocurrió bajo otras circunstancias por todo el imperio colonial hispanoamericano.

Esta exclusión duró hasta el fin del dominio español en 1821 y ocasionó un cambio de nombre a Verapaz el 11 de octubre de 1547, a causa de la conversión pacífica progresiva al cristianismo. (Remesal 1932, 2:191). Esto tuvo el efecto de que por lo menos en la parte septentrional de la provincia, la Alta Verapaz, que al principio era económicamente menos atractiva, los mayas han permanecido hasta ahora fuertes y puros por la mayor parte. Este era especialmente el caso en las áreas rurales lejos de los pueblos, a pesar de una inmigración importante de elementos blancos y mestizos desde mediados del siglo diecinueve.

Cuando en la década de 1540 fue fundado un poblado español, Nueva Sevilla, por el Río Polochic inferior por colonizadores de Yucatán y Cozumel, las protestas de los dos Dominicanos en 1548 lograron su extinción oficial. Fue algo que Fuentes y Guzmán llegó a lamentar mucho, porque presumió que la ciudad habría sido muy importante para el comercio en ese lado del río. Sin embargo, su opinión habría sido incorrecta, porque los barcos más grandes nunca podrían haber venido al lugar y, puesto que el área es tan insalubre y se expone al peligro de inundaciones, hasta la fecha no se ha poblado. (La ubicación del poblado se indica en un mapa de Fuentes y Guzmán 1932-33, 2:297).

También es posible que Las Casas propuso una Cédula del 28 de enero de 1541 (Fuentes y Guzmán 1932-33, 3:332,425) que habría sido importante para la conservación de los indígenas de todos los territorios coloniales españoles, si realmente se hubiera realizado. Esta Cédula afirmó "que los indios de tierra caliente no vayan á tierra fría ni por el contrario". En esta ley se proclamó una verdad básica de la aclimatación tropical, una verdad que hasta hoy en día no se ha tomado en serio por los poderes coloniales modernos, si bien los observadores españoles de antes, como Pascual de Andagoya (Navarrete 1880, 3:416) y Oviedo (1855, 4:347) lo habían reconocido.

Aunque Las Casas había logrado o cuando menos había abogado por algunos reglamentos del gobierno para el mantenimiento de los indígenas, no tuvo menos suerte con las otras medidas. La población de Tezulután vivía muy dispersada a lo largo de su territorio, así como los mayas frecuentemente hacen hoy en la Alta Verapaz (Termer 1935). Este hecho hizo difícil la evangelización de los mayas y por esa razón los misioneros españoles fomentaron las reducciones, es decir, pueblos más grandes donde los reunieron a la fuerza. Esta medida se hizo obligatoria por primera vez en 1541 (Fuentes y Guzmán 1932-33, 3:337), y nuevamente en 1595 (Remesal 1932, 2:243). Hasta Las Casas se convenció de la utilidad, hasta la necesidad, de tal reunión de los habitantes dispersados. Con la ayuda del príncipe maya inmediatamente después de sus primeros éxitos primeros en Tezulután, comenzó este programa a pesar de la fuerte resistencia de parte del pueblo. Siguiendo el modelo español trató de reunirlos en aldeas y pueblos lejos de sus residencias familiares. Esta medida hizo más fácil la administración política y religiosa, pero molestó a los mayas, quienes estaban apegados a sus costumbres. No había montaña tan hermosa, ni valle tan lindo, ni agua tan buena en su recuerdos, como los de donde vivían antes, y sufrían de una nostalgia pesada. Esto los hizo menos resistente a las enfermedades, de modo que la población se redujo mucho. Por lo tanto, no es de extrañar que los mayas regresaron luego a sus tierras cuando ya no estaban bajo la supervisión directa de sus tutores espirituales. Por supuesto, esto ocurrió solamente donde los padres no habían quemado sus casas anteriores a fin hacer imposible el regreso. Cuando regresar a las antiguas tierras era imposible, pero si había suficiente tierra disponible,[1] los mayas sembrarían su milpas a una distancia más grande de su pueblo y vivían allí al estilo antiguo mientras crecían sus plantas. Regresaban al pueblo solamente después de la cosecha o para los festejos religiosos importantes. Todavía pude observar los restos de esta costumbre antigua al final del siglo diecinueve en el pueblo de San Pedro Carchá (Alta Verapaz), donde muchas casas quedaban vacías durante la mayor parte del año y se ocupaban solamente antes de los grandes festejos o cuando las autoridades mandaron que deshierbaran el camino empedrado.

El que ha pasado innumerables noches en los ranchos solitarios de los mayas y disfrutado la paz completa en ellos y sus cercanías inmediatas comprende muy bien que los mayas no querían abandonar esta condición ideal, por más que el misionero trataba de explicarles las ventajas de vivir juntos.

Ellos sentían las limitaciones de su libertad de acción personal relacionadas con vivir en una comunidad como una desventaja indudable, especialmente cuando tenían que vivir en casas de adobe con techos de tejas en vez sus chozas con techos de paja.

Una ventaja de las localidades de las reducciones era que la nueva área donde vivían quedaba cerca y a la misma altura como la antigua, de modo que hubo dificultades de aclimatación física. Sin embargo, la aclimatación psicológica y cultural necesaria después del cambio resultó ser sumamente difícil para la gente.[2] Por lo tanto, aunque Casas ha ganado un mérito extraordinario por su modo de evangelización y por la eliminación de inmigrantes españoles, que aseguró la existencia continua de los mayas y sus costumbres, él y los misioneros que le sucedieron han ocasionado mucho daño a los mayas por las reducciones forzadas, que resultaron en depresiones psíquicas y una rebaja considerable de la población. A la vez, los misioneros estaban completamente convencidos de que lo que hacían era para el bien de los mayas, porque veían con gafas europeas, y no podían comprender el estilo de vida maya. Lo que aproximaba las condiciones de la patria de los misioneros veían bonito y bueno mientras que los mayas lo veían desagradable.

Hay un artículo de la Cédula del 9 de enero de 1540 (Fuentes y Guzmán 1932-33, 3:451) que, si se hubiera llevado a cabo, habría sido desagradable para los mayas, es decir, la instrucción cristiana obligatoria diariamente a una hora fija. No cabe duda de que, aparte del Dios cristiano, o hasta arriba de él, los antiguos dioses seguían viviendo en el corazón de los mayas. Si los misioneros creían que en la Alta Verapaz y otras partes del imperio colonial español podrían hacer cristianos convencidos de los mayas si visitaban la iglesia y recibían instrucción frecuentemente, sólo se engañaban. En muchos casos, y en ciertos lugares hasta hoy en día, rezan a los dioses antiguos y los conceptos precolombinos persisten al lado de los cristianos. Si se creía que las administraciones comunitarias un día se transformarían a los guardianes del cristianismo, esto no ha sucedido. Las Casas nunca habría soñado que a principios del siglo veinte estas administraciones comunitarias, resultarían ser realmente los guardianes de las antiguas creencias tradicionales en su querida Verapaz. Averigüé esto por un accidente fortuito. Mi fiel amigo Sebastián Botzoc, que en el año de 1894 ya me había dictado algunos rezos tradicionales de su gente (Sapper 1897:287 y siguientes), me había contado de casualidad un día después de una caza de monos, que realmente no deberían de matar monos, porque eran sus hermanos mayores. De repente me acordé de los mitos de la creación de los k'iche's en el *Popol Wuj*. (Brasseur de Bourbourg 1861:31). Cuando seguía preguntándole, me dijo que sabía muy poco de estas cosas, pero que cada año en su pueblo natal de Carchá las antiguas tradiciones se comunicaban a los nuevos miembros del consejo comunitario y del servicio comunitario. Me dijo que si yo le ayudaba a ser miembro del consejo comunitario, me contaría todo después. Desafortunadamente, estaba a punto de volver a Europa por razones de salud, de modo que no pude aprovecharme de la oferta. No sé si en realidad esta enseñanza todavía se llevan a cabo a beneficio de los miembros del servicio comunitario de San Pedro Carchá o si todavía habría alguien dispuesto a comunicar lo que habían oído. Desafortunadamente lo dudo, aunque en la actualidad los mayas están menos empeñados en conservar los secretos de sus creencias religiosas antiguas que antes. Los textos que Schultze Jena (1933) pudo obtener de los k'iche's de Chichicastenango comprueban claramente que ahora están más dispuestos a comunicar esta información.

Las Casas y sus colaboradores vivieron hasta poder atestiguar la evangelización de la parte central de la Alta Verapaz. Pero aparte de eso, los éxitos fueron muy modestos, algo que evidentemente se relacionaba con las condiciones étnicas. Remesal (1932, 1:201, 212) ha descrito en forma detallada como el príncipe de Rabinal favorecía la conversión al cristianismo, así como también las reducciones, pero no informó ampliamente sobre las condiciones en las áreas poqomchi' y q'eqchi'.

Estas regiones incluían unas formas políticas estatales algo más seguramente establecidas y grandes que en el área de Rabinal. Sin embargo, es bastante probable, dado la posición del cacique de Chamelco que Las Casas utilizó la misma táctica exitosa del área k'iche', es decir, influir a la gente acercándose a ellos a través de su príncipe.

Condiciones parecidas pero de estados más grandes probablemente existían también entre los pipiles de la Baja Verapaz suroriental, pero no entre los ch'oles, que llegaban hasta el Golfo de Honduras, ni entre los lakantunes, donde el trabajo misionero tuvo escasos resultados. Los ch'oles, que vivían en el valle del Polochic inferior no lejos de Chacujal y en las cercanías del Lago Izabal ya se habían convertido al cristianismo a mediados del siglo dieciséis.

El éxito entre los acalaes y lakantunes era escaso y transitorio. Empujados por los q'eqchi'es, emigraron a la parte noroeste de la Alta Verapaz y hasta el Río Temal (Sapper 1906:373-381, 382-397). El martirio del Padre Domingo de Vico y su ayudante en 1555 acabó con cualquier intento adicional de conversión (Remesal 1932, 2:377).

Hay informes que muestran que el carácter de los mayas que vivían en la Verapaz eran bastante diferente y que los lakantunes eran evidentemente mucho más energéticos y más bravos que sus vecinos. Con toda probabilidad los lakantunes de la parte noroeste de la Verapaz y las partes contiguas del Petén formaban una división separada de los mayas, así como también los lakantunes que vivían en una isla al oeste del Lago de Dolores y en sus cercanías, según un pequeño fragmento de su lengua que se ha conservado.[3] El ataque grande contra los lakantunes de Chiapas oriental desde la ciudad de Guatemala y el ataque contra los Acalaes en la parte noroeste de la Alta Verapaz por el cacique de Chamelco durante 1559 resultaron victoriosos, pero el cristianismo no hubo un éxito permanente. Hasta el presente grupos aislados de ch'oles, lakantunes y otros mayas individuales han sobrevivido en el desierto de Chiapas oriental,[4] mientras que ellos pueden haber desaparecido completamente del área de Guatemala. El mismo destino ha sufrido los ch'oles desde la Verapaz oriental hasta el océano, mientras que los pueblos ch'oles de Chiapas septentrional existen hasta hoy en día. La causa principal de la desaparición de los pueblos ch'oles de Chiapas septentrional o por lo menos la disminución de la población de ambos grupos dentro de Guatemala fue, por un lado, el sistema de reducciones, y, por otro, la fuga de grupos disidentes que penetraron hasta lugares más y más distantes y muchas veces muy insalubres de la selva. Las regiones localizadas dentro de la Verapaz o en Belice meridional, apenas han sido colonizadas por los q'eqchi'es de la Alta Verapaz durante los últimos cincuenta años, a pesar de muchas muertes como resultado de las dificultades de aclimatación. La fuerza de esta gente sigue sobresaliendo como resultado de las ideas muy personales de Fray Bartolomé de las Casas de cómo llevar a cabo la misión cristiana y el mantenimiento de pureza racial a pesar de las pérdidas humanas como resultado de las reducciones. Su fuerza es tanta que últimamente los q'eqchi'es han podido mandar la población excesiva a las selvas tropicales al norte y al este de sus tierras originales, sin ningún daño reconocible a los que se quedaron atrás. Ésta es una demostración hermosa de la vitalidad mantenida por esta gente, cuya población ahora es en exceso de 100,000 almas.

• • • •

FRANZ TERMER
LA IMPORTANCIA DE LOS PIPILES PARA LA CULTURA DE GUATEMALA (1936)

Comúnmente se ha supuesto que las regiones del altiplano interior de Centroamérica han sido el lugar de origen del Pueblo Maya en cuanto a la afiliación de la población y las condiciones culturales. Les decían los mayas del altiplano para distinguirlos de los mayas culturalmente superiores que habitaban la tierra baja del Atlántico. Los libros recientes de viaje, que dan informes sobre estas regiones, no dan a conocer informes detallados de la población y de su cultura y hablan únicamente de los indígenas mayas de Guatemala. Ni siquiera mencionan los habitantes de El Salvador, probablemente porque ellos habían perdido su identidad étnica y racial a excepción de los pocos que viven en las áreas remotas.

La literatura científica así como también los cronistas del siglo dieciséis reconocieron que, aparte de los habitantes que pertenecían a la familia mayance, había otros pueblos que vivían en Guatemala y en El Salvador, y que especialmente se diferenciaban de los mayas por sus idiomas. En los informes más antiguos, por lo menos, indicaron las diferencias lingüísticas como muy importantes, a causa de la desaparición de estos grupos no mayas y porque esas diferencias lingüísticas eran las únicas bien establecidas. La investigación moderna que observa las condiciones etnográficas anteriores en la parte septentrional de Centroamérica; por lo tanto se ha interesado sobremanera por los estudios lingüísticos. Sólo hay que recordar las obras de H. Berendt, O. Stoll y W. Lehmann, junto con la investigación lingüística importante y magistral de los k'iche's y de los pipiles de El Salvador de Schultze Jena.

Las fuentes documentales de la época colonial española que tratan de los elementos no mayas casi exclusivamente se ocupan de los pipiles. En su mayor parte éstos son informes que tratan de la cultura mexicana y sólo unos cuantos tratan exclusivamente de Guatemala y las áreas contiguas. Por contraste, los pocos escritos de los escritores indígenas de la época de la invasión son aún más importantes, porque conservan las antiguas tradiciones prehispánicas y la mayor parte están escritas en idiomas mayas. Como de costumbre, el mito, la leyenda, y la verdad histórica se mezclan todos juntos. Conseguir la verdad histórica de Guatemala es especialmente difícil pero no imposible, si se está dispuesto a emprender una investigación detallada del territorio respectivo conjuntamente con el estudio de las fuentes.

Brasseur de Bourbourg fue el primero que trabajó en estos términos, pero sus investigaciones no forman una base confiable a la luz de la erudición moderna exigente, y hay que verificar sus informes en cada localidad. Sin embargo, no es necesario revisar la literatura con relación a los pipiles, porque de Lehmann (1920, 2:1059) lo ha hecho a fondo.

Este artículo tratará de evaluar la importancia de los pipiles con relación a sus vecinos en Guatemala, junto con algunas consideraciones que se me ocurrieron durante mi viaje allá. No me interesa las investigaciones lingüísticas ya realizadas por los eruditos mencionados, cuyos objetivos son determinar la relaciones étnicas de los pipiles. Más bien mi tarea aquí será establecer la posición de los pipiles dentro del modelo cultural de Guatemala con un énfasis en los intereses geográficos, históricos, y arqueológicos.

Los siguiente hechos firmemente establecidos sobre los pipiles pueden resumirse brevemente en cuanto a las áreas de población, procedencia, idioma y cultura.

1. Las áreas de población en Centroamérica septentrional

Al tiempo de la invasión vivían en enclaves cerrados en la tierra baja de la costa del Pacífico de Guatemala, entre el Río Coyolate y el Río Michatoya (Squier 1858:317),[1] y en las tierras del Pacífico de El Salvador así como también en los distritos cerrados de la depresión Motagua y en la cuenca de Salamá. Estas áreas de población son identificadas por los informes lingüísticos de las fuentes más antiguas y por los restos lingüísticos conservados hasta los siglos diecinueve y veinte. Nos sorprende el hecho de que los misioneros que informaron sobre estos dos distritos nunca mencionaron a los pipiles, aunque había misiones bastante importantes en Salamá y en San Gerónimo, así como también en San Agustín Acasaguastlán.

2. Su procedencia

Los antiguos autores uniformemente dicen que los pipiles son inmigrantes de regiones mexicanas. Los investigadores modernos, especialmente Lehmann y Schultze Jena, los consideran descendientes de la población nahua más antigua del altiplano de México, que eran los portadores de la cultura preazteca alta y que hablaban un dialecto nahua más antiguo que el de los aztecas. Por consiguiente, los pipiles sólo son inmigrantes toltecas, una opinión que acuerda con la de Mendieta, Torquemada y los otros autores antiguos (Lehmann 1920). Si bien la probabilidad de estas conexiones es grande, se necesita la verificación arqueológica en Guatemala para aceptarla con seguridad. Además, no sabemos si el nombre "pipiles" era el de una tribu o más bien una denominación colectiva de varias poblaciones, todas siendo inmigrantes de México.

3. Su idioma

Se ha conocido a fondo por las primeras investigaciones,

pero especialmente por el trabajo más reciente de Schultze Jena. Así, en base a su estructura y ubicación definitivamente puede relacionarse con los dialectos nahuas de México. Hay otros autores que han confundido el pipil con el náhuatl, que entró por primera vez como una lengua hablada con los invasores. Cuando, por ejemplo, Fuentes y Guzmán (1932-33, 1:203) afirma que se ha establecido una cátedra en "pipil" en la Universidad de San Carlos, en realidad quiere decir "náhuatl".

4. Su cultura

Ésta se reconoce de unos cuantos comentarios de los primeros autores y por consiguiente se inclina estrechamente a las creencias religiosas de México. Además, Hartman y Schultze Jena han podido comprobar temas reminiscentes del los cuentos y leyendas mexicanos, que todavía existen entre los pipiles de El Salvador. Tenemos menos informes sobre su cultura material. Puesto que los autores más antiguos nos dan poca información, solamente la investigación arqueológica moderna nos va a poder ayudar con esto. Sin embargo, ésta todavía está en su infancia en Guatemala, como he mostrado en otro artículo (Termer 1935).

Si resumimos todos nuestros conocimientos seguros de los pipiles, conocemos únicamente sus particularidades étnicas, su carácter de inmigrante o extranjero en la Centroamérica septentrional, y sus relaciones con pueblo nahua mexicano. No conocemos sus relaciones con sus vecinos en Guatemala y El Salvador (es decir, los mayas del altiplano y otros grupos aislados de esas regiones). No se conoce con seguridad el tiempo de la inmigración de los pipiles a Centroamérica, ni sus raíces y no conocemos las relaciones entre varios enclaves pipiles geográficamente y temporalmente distintos. Debido a las consideraciones de espacio, nos limitaremos a los pipiles del interior del altiplano de Guatemala.

Los informes de los siglos dieciséis y diecisiete con relación a los habitantes no mayas de Centroamérica septentrional mencionan a los pipiles solamente como un pueblo de la tierra baja del Pacífico. En cambio, los achíes se mencionan en el altiplano. Aparentemente Las Casas (1876) fue el primero al referirse a "la gente que llamaban los Achíes que por las sierras habitaban" (*Documentos inéditos* T.66: 1876: 511). Se refirieron a ellos como antropófagos, posiblemente una referencia a las ceremonias religiosas que seguían el modelo azteca. Torquemada también habla de los achíes de Guatemala, que poseían códices pictóricos en que figuraba el Diluvio, pero que fueron destruidos por los misioneros (1723 lib. V. cap. 49; pte. 3:134). Se dice que el idioma de los achíes es de la población de Guatemala y probablemente, según Las Casas, se afirma que los achíes son habitantes del altiplano (Torquemada 1723, *ibídem*, lib. XX cap. 70, pte. 3: 553; lib., XIV, cap. 26: T2:584). Torquemada ha tomado esta descripción literalmente de Mendieta (1870:539, lib. IV, cap. 41).

La palabra *achi* pertenece a los idiomas mayas del altiplano, donde significa 'hombre, ser humano, señor, noble'. La palabra nahua *pipil* tiene un significado doble. Puede significar 'muchacho', pero también 'príncipe, noble'. Esto puede percibirse del estudio de los primeros autores de Guatemala que usan la palabra alternativamente con un significando u otro. Torquemada, por ejemplo, habla de los *pipiltin* como 'principales y nobles'; Fuentes y Guzmán habla de los pipiles como 'muchachos'. Pero mientras Torquemada escribe sobre los grupos residentes en el altiplano, Fuentes y Guzmán (1932-33) se refiere a los pipiles de tierra baja cerca de Escuintla. La *Isagoge histórica apologética* (Anónimo 1892) también utiliza el significado de 'muchachos' al referirse a los pipiles de tierra baja (Anónimo 1892:313). En ambos casos hacen hincapié en la procedencia mexicano original del grupo, es decir, ambos son pueblos nahuas.

Si consideramos la distribución de los grupos del altiplano, no hay que juzgar su extensión anterior simplemente de los restos escasos de su idioma, que ha persistido hasta los tiempos más recientes. No puede presumirse que se limitaban a la cuenca de Salamá y unas pocas ubicaciones en la depresión de Motagua. Más probablemente había áreas al oeste de Salamá, donde su idioma ya no se conservaba en la época colonial. En la cuenca alta de Rabinal hay pruebas infalibles que elementos originalmente mexicanos vivían allí en un tiempo. En esta área hay grandes conjuntos de ruinas que son idénticas en su estilo arquitectónico a los que conocían los habitantes preaztecas del Valle de México. Además, los habitantes actuales de Rabinal y sus cercanías se llaman *achi* en el idioma k'iche' exclusivamente hablado allí, y así los llaman sus vecinos en el área k'iche' occidental.

En este contexto hay que notar que se encuentra un altar redondo entre los edificios de las ruinas de Kaqyub', que hasta hoy en día los indígenas llaman *mumus*. Lehmann encontró la misma palabra en el vocabulario de los pipiles de Acasaguastlán y supuso que es paralela a la palabra náhuatl *momoztli*, 'altar' (Lehmann 1920:1070, #22, nota 1). Por lo tanto, creo que se ha comprobado su conclusión.

Los idiomas mayas del altiplano usan la palabra *achi* en lugar de la palabra náhuatl *pipil* en el sentido de 'dueño, noble, principal'. Es muy posible que ésta sea una traducción directa de la palabra nahua, cuando se usa *achi* como el nombre de una etnia. De esta manera no debemos de dejarnos engañar por los informes del siglo dieciséis. Alonso Ponce, autor fidedigno que viajó extensamente por Mesoamérica, considera que *achi* es un término colectivo para los mayas del altiplano central de Guatemala, es decir, los k'iche's, los kaqchikeles y los tz'utujiles. En otra parte mencionó que algunos residentes pipiles de la ciudad de San Salvador eran *achíes*, pero hablaban el idioma pipil (Ponce 1872: 383, 400, 426-427).

De estas fuentes surgen dos posibilidades: los achíes son los mayas del altiplano central de Guatemala o son los pipiles, habitantes separados del altiplano, que deberían de haber entrado en una relación especial con los mayas allí. Además, los comentarios son importantes con relación con el drama del *Rabinal Achi* y con el *Popol Wuj*. En el título del anterior, la palabra *achi* se usa con el significado de 'príncipe' o 'rey'. La persona menciona en sus discursos repetidamente que sus armas vinieron de los toltecas (Brasseur de Bourbourg 1861). En los dos textos las familias reales gobernantes se llaman *yaqui*, un nombre que se refiere a los inmigrantes de las tribus nahuas de México, como han indicado los autores anteriores, incluso Seler.

En nuestra encuesta del altiplano de Guatemala occidental pudimos encontrar entre muchas ruinas y otros rastros de este pueblo, como, por ejemplo, en las áreas k'iche', kaqchikel y poqomam así como también en las partes orientales del área mam. Entre las ruinas relativamente bien conservadas, voy a citar solamente las de Sajcabajá, Uspantán, Cunén, Huehuetenango y Mixco Viejo.

Hasta Utatlán, a pesar de su destrucción, muestra indicios que el estilo de sus edificios y muchas peculiaridades arquitectónicas tienen mucho en común con otros lugares. Más hacia el occidente, más allá de las cuencas k'iche's, solamente Zaculeu y Chalchitán muestran similitudes intensas con las otras ruinas. En cambio, la región occidental de Guatemala tiene únicamente simples terraplenes y túmulos que están distribuidos a lo largo del área mam, pero también puede encontrarse en otras partes de Guatemala.

Por consiguiente, un área puede determinarse, definida en el oeste, el norte, y el sur por la similitud arquitectónica que muestra influencia mexicana. En el este no he podido definir un límite, porque las raras visitas que hecho a esas regiones no me permiten evaluarlos.

Desafortunadamente, nos faltan informes arqueológicos suficientes sobre hallazgos menores, porque las excavaciones no se han llevado a cabo de una manera científicamente competente. Aún así, he visto pequeños artículos en colecciones particulares que en su estilo dependía mucho de los modelos de altiplano mexicano.

Conjuntamente con los autores antiguos, acostumbramos considerar los estados de los k'iche's, de los kaqchikeles y de los tz'utujiles como imperios mayas del altiplano. Se presume que la fundación y el desarrollo de estos estados poderosos puede acreditarse a los mayas autóctonos. Puesto que se hablaban idiomas mayas allí al tiempo de la invasión, esta opinión se formó entonces. Sin embargo, esta conjetura no se ha comprobado, porque los invasores extranjeros y los que traen culturas nuevas frecuentemente adoptan el idioma de la población dominada, especialmente si ya no tuvieron más contacto con su tierra ancestral y se entremezclaron con sus vasallos. La clase dominante podría haber conservado su idioma por más tiempo. No sabemos nada acerca de eso del altiplano guatemalteco. Existe la probabilidad de que los inmigrantes nahuas colonizaron, como los gobernantes de los mayas del altiplano, fundaron estados políticos allí, e incorporaron a los mayas a estos estados.

Más probablemente la población de ese tiempo era más grande en el área k'iche' occidental que en la Baja Verapaz en la actualidad. Ésta puede ser la razón porque el idioma pipil persistió más tiempo en la Baja Verapaz que en la región k'iche'. Aquí las condiciones de vida eran favorables en la tierra fría, porque los bosques dispersos ofrecen buenas posibilidades para la colonización. Sin embargo, en Rabinal y Salamá había cuencas interiores secas con estepas vegetadas normalmente escasamente tenían que ser regadas para la agricultura intensiva.[2] Las condiciones ambientales favorecían menos la colonización intensa. Por lo tanto, es posible que los inmigrantes podrían haber estado más aislados que en el occidente, y así pudieron mantener su idioma más tiempo. El avance del idioma k'iche' hacia la cuenca de Rabinal podría haber sido ocasionado por las guerras del imperio k'iche' contra el de Rabinal. Tal vez ocurrió solamente durante la colonia, cuando se impusieron las reducciones rápidamente en la Baja Verapaz [véase el Capítulo ... de este volumen]. Como resultado de éstas, los indígenas de las regiones más distantes también se vieron obligados a radicar allí. Es imposible para mí saber si el *Título de Rabinal*, que todavía se conserva, contiene información sobre los eventos históricos, porque las autoridades de los pueblos no me permitieron verlo.

Si presumimos que los inmigrantes dejaron de utilizar el náhuatl a favor de los idiomas mayas guatemaltecas, debemos presumir también que el número de estos inmigrantes nuevos no era muy grande, pero que lograron dominar a los mayas del altiplano, a causa de su superioridad cultural. Sin reabastecimiento de su tierra original, su etnicidad sucumbió frente a los habitantes mayas. La casta dominante, los líderes espirituales y políticos conservaron sus antiguas tradiciones, así como sus sucesores las han conservado, si bien ellos mismos solamente podían comunicar en k'iche' o kaqchikel.

Así, los códices contenían leyendas de abolengo y de migración, junto con el contenido religioso. Y aunque ni uno de ellos ha surgido del altiplano de Guatemala, sí tenemos un texto explicativo en el *Título de los Señores de Totonicapán* traducido al español. Similarmente Lehmann (1906:224 y siguientes) ha dicho que el Popol Wuj "una interpretación de un códice pictórico dentro de un marco de tradiciones".

Debemos pensar de la migración al altiplano guatemalteco como movimientos separados. La estructura social del pueblo mexicano con un fuerte énfasis en los lazos familiares fomentaron la probabilidad de que los pueblos y los clanes se unificaran durante sus migraciones y que ellos caminaran en pequeños grupos. Los aspectos geográficos de las áreas por donde migraron también eran desfavorables para un movimiento masivo de población, mientras las cuencas y los valles centrales del altiplano de Guatemala brindaron condiciones ideales para la colonización. Éstos también eran muy similares geográficamente y físicamente a sus tierras originales del altiplano mexicano, es decir, con respecto a la altura, el clima, la forestación, y la disponibilidad de agua. Así, su modo de vivir permaneció igual en las nuevas tierras que en las anteriores.

No causa sorpresa saber que los inmigrantes toltecas en el altiplano guatemalteco echaron raíces con su cultura, algo que parece indicar que la cultura del altiplano maya era inferior a la suya. Cuando se rompieron las relaciones con México, después del derrumbe del imperio tolteca, la cultura trasplantada tuvo efectos fructíferos sobre la población maya del altiplano, pero a través del tiempo no desarrollaría nuevos impulsos.

Las tradiciones hablan de un imperio consolidado original de los inmigrantes toltecas en Guatemala. Poco después, se desintegró en dominios parciales con diferentes señores supremos, quienes comenzaron a pelearse entre sí y debilitaron su poder político agresivo. Así que debemos de pensar en cierto número de pequeños principiados en el altiplano de Guatemala durante el último siglo antes de la invasión española, cuyos gobernantes eran de origen tolteca, cada uno dentro de su propio centro político y cultural.

Hemos desarrollado este cuadro al estudiar los eventos históricos reportados de las fuentes indígenas y permanecerá válido mientras la evidencia arqueológica lo pueda apoyar. ¿No sería una explicación lógica de la apariencia todavía enigmática por todo el altiplano de Guatemala de los restos de un talento artístico con una influencia claramente mexicana, junto con la ocurrencia de objetos crudos artísticamente mal elaborados? (Lothrop 1933). Las pocas excavaciones científicas llevadas a cabo anteriormente han mostrado este paralelo repetidamente. Este hecho parece negar enfáticamente el concepto de una cultura arcaica en nuestra área.

No tenemos información fidedigna sobre la ruta de las migraciones nahuas a Guatemala y dentro de ella. Los toponímicos en las fuentes indígenas no dan tal indicios. En parte, se refieren a los nombres de localidades míticas, en parte a áreas locales de la región k'iche', que rara vez pueden identificarse. Las interpretaciones de Brasseur de Bourbourg no son confiables y necesitan ser verificadas. Puesto que he tratado de las rutas de migración en otra parte (Termer 1934: 323-332), el lector puede consultar esa publicación.

Nuestras explicaciones han puesto en relieve ciertos problemas que son de importancia para la comprensión del desarrollo cultural del altiplano de Guatemala y que están relacionados íntimamente con el problema de los pipiles. Estamos de acuerdo con otros investigadores que los pipiles de la bocacosta del Pacífico pertenecen a un ramal más antiguo de la población tolteca mexicana y deben también separarse cronológicamente de los pipiles del altiplano. Los eventos de la invasión española también manifiestan en el *Título de los Señores de Totonicapán* que un grupo era independiente del otro, espacial y políticamente, y que el imperio pipil de la costa del Pacífico se separó de los estados del altiplano. No podemos seguir discutiendo esto. En todo caso, la investigación arqueológica más intensa en Guatemala puede dar pistas muy importantes acerca de la relación de los pipiles con los mayas dentro del desarrollo de la cultura de Centroamérica septentrional. Tal vez la investigación de este tipo puede iluminar de otro modo la "cuestión de los mayas" del altiplano, porque actualmente sólo podemos teorizar sobre ella.

KARL SAPPER
LAS COSTUMBRES Y CREENCIAS RELIGIOSAS DE LOS Q'EQCHI'ES (1904)[1]

Después de que los ejércitos de España, acostumbrados a la victoria, habían conquistado la mayor parte de Guatemala, encontraron una resistencia tan energética en la región de Tezulután que ya no hicieron intentos adicionales para invadirla. Entonces el monje dominicano muy religioso Fray Bartolomé de las Casas creyó que ya había llegado la hora de poner en práctica sus ideas de una conquista y una cristianización pacíficas. Recibió permiso el 2 de mayo de 1537 para lanzar su empresa, que triunfó tan brillantemente que diez años después Don Felipe, representante del Emperador Carlos V de España, cambió el nombre de *Tezulután* (Tierra de Guerra) a *Verapaz* (paz verdadera). Después, en 1555, reconoció la vigencia de las leyes antiguas de los mayas del área.

Esta región honró su nombre a causa de su ubicación lejana, la carencia de recursos minerales, la exclusión original de colonos españoles, el comportamiento pacífico de los dominicanos y el carácter pacífico de la población. Desde ese tiempo la tranquilidad y la paz comparativas han dominado en esta región de los mayas. La paz verdadera y completa nunca han existido, porque la nueva religión, a pesar de su establecimiento al lado de la antigua, no ha podido reemplazarla por completo y frecuentemente permaneció ajena a los sentimientos de los mayas. Después de todo, el Dios cristiano es el Dios de los extranjeros. Le conceden cierta posición dominante con relación a los dioses mayas, aproximadamente como aceptan a los mestizos y blancos en comparación con los otros indígenas. Viven lejos de los centros de la civilización europea y por lo tanto no se han influido tan fuertemente por ideas nuevas. Generalmente son de la opinión que el Dios cristiano se preocupa más por los extranjeros que por los indígenas y que por lo tanto no se interesa tanto en las cosas más significativas para los q'eqchi'es.

Tal actitud se manifiesta entre los mayas de la Alta Verapaz a pesar de la práctica religiosa cristiana durante cientos de años, porque una instrucción religiosa completa por el clero poco disponible era imposible con esa población tan dispersa. La población de la Baja Verapaz, que está más al sur, está menos expuesta a la influencia de los ladinos y actualmente los mayas aún constituyen el 95 por ciento de la población.

Actualmente la asistencia escolar es obligatoria y hasta los dueños de las fincas obligados por el gobierno a proveer un local para una escuela y a contratar a un maestro. Sin embargo, las cosas no han cambiado, porque los mayas generalmente niegan enviar a sus hijos a la escuela y preferirían emigrar que verse forzados a hacerlo. A fin de mantener por lo menos ciertos conocimientos de la fe cristiana, los sacerdotes católicos de antes habían traducido los catecismos a los idiomas mayas y no estaban dispuestos a consagrar un matrimonio sin que los esposos pudieran comprobar cierto conocimiento del catecismo. Esta práctica se ha mantenido hasta ahora, pero naturalmente no ha podido producir una comprensión correcta entre los mayas.

Se les dificulta a los mayas ver las imágenes de Dios y de sus santos sólo como cuadros. No solamente les dicen "Dios" a cada uno de estos cuadros y esculturas – lo mismo que a un dios maya utilizando la palabra *Dios* – sino que creen que estos imágenes son realmente vivos.

Antes del día de la fiesta patronal de una ermita su imagen es llevada en su arca por una comisión especial a la iglesia del pueblo más cercano, para que el santo pueda oír misa otra vez. Si esto necesita que pernocten allí, se pone un paño encima del arca y al día siguiente antes de emprender la marcha de nuevo, el presidente de la comisión levanta el cubierto con mucho cuidado para asegurarse que el santo ya está despierto.

Cuando festejan el día de Santo Domingo, el Santo Patrón de Cobán, no solamente lo llevan en una procesión por el pueblo, sino que se le llevan las imágenes de los otros santos, para que puedan felicitarlo. Los mayas consideran que no solamente las imágenes de los santos sino también las cruces de madera están vivas bajo ciertas circunstancias, o en ciertas ocasiones. Mis cargadores, por ejemplo, me han asegurado con toda seriedad que ellos han observado el movimiento de algunas cruces por el camino.

Es un orgullo tener muchas imágenes en la iglesia. Una vez mis compañeros mayas, tropezaron por casualidad con una iglesia protestante en Belice. Después me contaron llenos de compasión que la congregación debía de ser de gente pobre, porque tenían a un sólo Dios en su iglesia. Parece que no comprenden bien el concepto de la unidad de Dios, aunque habían aprendido el catecismo de memoria. Una vez observé una discusión acerca de la cuestión de que si Cristo y el Nazareno eran dos dioses o uno. Por fin se resolvió la disputa finalmente con el consenso de que sí eran dos personalidades diferentes.

Por lo tanto no nos sorprende que ellos creen que mi Dios, el Dios de los protestantes, es diferente del suyo. También pensaban que en Belice ellos ya no tendrían que rezar, porque el Dios allí hablaría inglés y no comprende rezos en su idioma.

Así que dentro de su versión de la fe cristiana existen varios dioses, aunque no por confesión propia, porque el catecismo lo niega. Bajo tales circunstancias se comprende que unos dioses mayas han podido guardar su lugar en el corazón de los mayas comparativamente pacíficamente al lado del Dios cristiano. Nunca vi imágenes de estos dioses tradicionales ni siquiera un indicio de su existencia.

Por supuesto, antes de la conversión al cristianismo los q'eqchi'es tenían numerosas imágenes, comprobadas por las excavaciones. En la actualidad los q'eqchi'es de la Alta Verapaz septentrional tienen dos dioses mayas, el Sol y el Señor de la Montaña y del Valle. El primero es el Señor Sol, una personalidad singular, quien provee una multitud de servicios al maya y por lo tanto se venera a un grado máximo sin la necesidad de sacrificios. No son necesarios, porque este dios benévolo ofrece todos estos servicios sin sacrificios; también queda muy lejos para oír rezos. No obstante, el maya agradecido siempre piensa en todo los beneficios que el sol le da. El sol da luz y el calor a la tierra, seca el monte rozado de la milpa para que pueda quemarse, y se haga posible la siembra. El sol permite que el maíz crezca y madure, así garantizando la existencia de los campesinos y por lo tanto lo llaman con razón 'Nuestro Padre el Sol' *(li Qawa' saq'e)* a diferencia de *Qawa' Kurus*, ('Nuestro Padre la Cruz', es decir, el Dios cristiano).

Para los q'eqchi'es, el sol es un dios distante, pero su dios principal, *li Qawa' Tzuultaq'a* ('Nuestro Padre, el Señor de la Montaña y del Valle') es una personalidad múltiple que vive cerca. Casi cada pueblo y cada aldea tiene su Tzuultaq'a. A veces se oyen comentarios que cierto Tzuultaq'a se consideraba más fuerte que otro y que él protegía a su gente mejor de las enfermedades y otros peligros.

Ordinariamente los indígenas acuden al Tzuultaq'a de su lugar de residencia. Con motivo de eventos importantes como la siembra de la milpa, imploran no solamente el Tzuultaq'a de su área, sino también los de las poblaciones vecinas y aun de lugares muy distantes especialmente importantes, para que no surjan dificultades. En un rezo que anoté antes (Sapper 1897:292, Apéndice 2) y que se usa tres días antes de la siembra del maíz, dirigen sus plegarias no solamente al Tzuultaq'a de su aldea, sino a dos otros Tzuultaq'a de poblaciones cercanas, así como también a tres dioses similares igual de importantes de unas localidades bastante distantes.

Los Tzuultaq'a viven en grandes cuevas en las montañas de la Alta Verapaz; algunos son varones, otras mujeres. Los Tzuultaq'a masculinos viven en montañas áridas, las femeninas viven en montañas con muchos manantiales. La inundación es una señal de las fiestas que el Tzuultaq'a celebra en su dominio subterráneo. En ese lugar Tzuultaq'a se reclina en una hamaca suspendida entre dos "barbas amarillas" (*ikb'olay, ichb'olay*).[3] Estas culebras son los sirvientes del Tzuultaq'a, quienes castigan los delitos de la gente con su mordida; de acuerdo con la severidad de sus delitos envía culebras más o menos venenosas o hasta no venenosas.

También puede castigar los delitos humanos por medio de una enfermedad o por un ataque de rayos. Los rayos pegan donde Tzuultaq'a tira su hacha de piedra. El agua le es sagrada; por eso un objeto caliente no puede enfriarse bajo un chorro de agua. Los animales del agua, de la tierra y del aire le pertenecen; por lo tanto permite pescar y cazar solamente después de rezos y sacrificios a Tzuultaq'a. No se permite matar a los animales por quemarlos en un fuego abierto.

No solamente los animales, sino también las plantas le pertenecen, especialmente las plantas útiles, y hay que ofrecerle ciertos sacrificios determinados antes de sembrar o cosechar. No se permite abandonar y dejar que se pudra ninguna parte comestible de un animal salvaje que han matado, ni que desperdicie ninguna planta útil.

A veces, cuando algunos granos de maíz que se han caído brotan en la tierra húmeda, se puede ver a un agricultor excavarlos con un poco de tierra alrededor de las raíces y trasplantarlos a su milpa para que no se echen a perder. Los que no lo hacen serán castigados después con la mala suerte en la caza o en sus milpas.

Es natural que hacen todo lo posible para que Tzuultaq'a se ponga de buen humor, porque la agricultura es la base de la subsistencia de la gente y los resultados de la caza y de la pesca seguramente hacen más agradables las comidas. Esto se hace por medio de rezos que pasan de boca a boca en una forma antigua, por supuesto con la adición aquí y allí de elementos cristianos. También tratan por medio de sacrificios como de flores o ramas de árboles, por quemar pom así como también por mortificaciones (la abstinencia de las relaciones sexuales, de comer carne, ciertos vegetales u otros alimentos). Todo esto corresponde cabalmente a las costumbres precristianas, si bien su realización probablemente es menos estricto.

El alcance de los sacrificios o de la mortificación varía según la importancia de la acción para la cual se necesitan los favores de Tzuultaq'a. Por ejemplo, hay que practicar una abstinencia sexual completa cinco días antes y dieciséis días después de la siembra del maíz (un total de veintiún días (un *winaq*, más un día). Para la siembra de frijoles o del chile *(Capsicum annum)*, son suficientes unos pocos días de abstinencia y sólo para los que siembran cantidades más grandes de estas plantas útiles para el comercio.

Los elementos cristianos ya están entretejidos con las costumbres antiguas. Así nueve días antes la siembra del maíz se hace una romería a la iglesia donde se quema un poco de pom y de doce a veintitrés candelas. A pesar de su preferencia por Tzuultaq'a, los q'eqchi'es seguramente son conscientes de la subordinación de Tzuultaq'a al Dios cristiano. Esta subordinación se encuentra solamente en las áreas más pobladas. Las regiones selváticas habitadas escasamente o las inhabitadas todavía están bajo la dominación de Tzuultaq'a, en los pasos entre las montañas o en las encrucijadas donde no se han erigido cruces de madera. Si un maya tiene la intención de radicar en una área inhabitada, primero caminará alrededor de tanta tierra que pueda en un día y derriba un arbolito en cada uno de los cuatro puntos cardinales. Volverá después de un año, y sacrificará a Tzuultaq'a por quemar pom y empezará su milpa hacia donde indica el humo del pom.

Aun después de una colonización permanente, Tzuultaq'a sigue siendo el único señor; todavía no hay rezos al Dios cristianos. Se inicia el culto cristianos solamente después de que más familias hayan radicado unas al lado de otras y se haya establecido una ermita con sus imágenes obligatorias de los santos. Tzuultaq'a ahora dice *xinlub'* ('me cansé') y se podría decir cede la supremacía al Dios cristiano más potente.

Los límites territoriales del Dios cristiano avanza aún más como resultado de la expansión rápida de los q'eqchi'es a las selvas tropicales de la Alta Verapaz septentrional; el dominio total de Tzuultaq'a se reduce más y más. Actualmente es todavía bastante amplio y aun los q'eqchi'es cristianos piadosos que siguen observando las costumbres mayas no se atreven a rezar allí al Dios cristiano, porque Tzuultaq'a se ofendería.

Del mismo modo, los q'eqchi'es que me acompañaron respetaron el dios desconocido de los lakantunes mientras viajábamos en su territorio. Todos parecen tener cierta tolerancia porque son por la naturaleza gente pacífica. El maya que vive con su familia en medio de la selva y reza a

Tzuultaq'a, se vuelve cristiano nuevamente luego que llegue a la región del Dios cristiano. Hasta frente a las sencillas cruces de madera que sirven de mojones, se quita el sombrero como si nunca hubiera dejado el distrito cristiano.

Se nota un respeto sumiso cuando el maya está frente a los cuadros de Dios y los de los santos, cuando les reza. Si habla de ellos es como si estuviera haciendo genuflexiones sumisas frente de ellos. Es muy diferente durante la noche tropical tranquila y solemne cuando sale de su campamento en la selva y se encamina hacia la dirección de la marcha de la mañana. Sobre una hoja verde grande pone el pom que ha llevado, lo quema con brazas ardientes, y recita sus antiguos rezos a Tzuultaq'a, el Dueño de la Montaña y del Valle, el Dueño de los Arboles y los Bejucos (Sapper 1897:289, Apéndice 1). Entonces la confianza del maya demuestra que su dios antiguo lo va a ayudar, el dios que conoce todas las necesidades del individuo y siente pena mucho mejor que cualquier Dios cristiano extranjero y altivo.

La manera solemne en que el maya hablaba a su dios libremente y con confianza me impresionaba aun durante las caminatas normales. Nunca olvidaré la impresión fuerte que recibí una vez en las selvas vírgenes de Belice después de largos días de hambre, cuando al anochecer el mayor de mis compañeros mayas saludó a Tzuultaq'a y le rogó por una caza exitosa, aunque no pudo ofrecerle el sacrificio normal (Sapper 1902:38). Entonces esa misma noche por primera vez después de mucho tiempo oímos el grito horrible de los monos aulladores, que en ese momento era lo yo quería escuchar. No pude evitar el pensamiento herético de que el buen dios había oído el rezo confiado de la gente, aun cuando no se hubiera dirigido al domicilio exacto de Tzuultaq'a.

El maya q'eqchi' se enfrenta al Dios cristiano con el respeto más profundo; también abraza con el agradecimiento más cálido al Padre Sol, que otorga tantos beneficios y está tan distante que ni siquiera el Dios cristiano pueda disminuir su estatura. Se acerca a Tzuultaq'a con una mezcla de amor y temor. Aunque lo teme bajo ciertas circunstancias, su corazón lo abraza, porque es, digamos, el dios de su propia raza de bronce. Apenas puede imaginar al Dios cristiano sin la piel blanca del europeo, en parte temido, en parte odiado, cuya piel él de veras desprecia un poco.

Con cierto suspiro el q'eqchi' cumple sus obligaciones hacia el Dios cristiano. Aunque el culto es fácil, tiene un aspecto desagradable porque frecuentemente toca un punto delicado, su bolsa. Éste es mucho menos el caso con Tzuultaq'a a pesar del hecho de que el pom en gran parte debe importarse de lejos (v. g. de Motocintla en el estado mexicano de Chiapas). Por otra parte el rito para Tzuultaq'a requiere, como se ha mencionado, ciertos sacrificios físicos, flagelaciones y abstinencias de varias clases. Sin embargo, bastantes personas están dispuestos a abstener de relaciones sexuales por cuarenta días (dos *winaq*) y cumplir los tres días de rezos con toda la familia para poder quemar candelas para Tzuultaq'a en su cueva y posiblemente verlo frente a frente en esta ocasión en su hamaca apoyada por sogas de *ikb'olay*.

Aunque su religión tradicional queda mucho más cerca del corazón del maya que el cristianismo moderno, no puede separar la influencia cristiana en todas sus creencias. Las antiguas costumbres sobreviven en todas sus memorias; la forma de pedir la novia generalmente queda igual (Sapper 1897:279). Localmente hasta exigen cierta clase de examen de las habilidades de una ama de casa de la novia *(chama)*; a la vez el novio adquiere un nombre nuevo del objeto o evento que más lo impresionó después de la noche de bodas. A veces todavía se detecta el nawalismo antiguo y hasta hoy en día los q'eqchi'es creen los *ch'olwiniq*, es decir, los lakantunes tradicionales pueden transformarse en tigres.

Varias costumbres antiguas han durado hasta el presente, pero el forastero sabe de ellos únicamente por un accidente afortunado, aun cuando vive entre los q'eqchi'es por muchos años. Sin embargo, la influencia cristiana se nota más o menos claramente y aparece aun más fuertemente en las ciudades que colindan con las áreas mayas. Se puede ver especialmente bien en las creencias de los mayas en la vida venidera.

La creencia en una vida que continúa después de la muerte remonta hasta los tiempos antiguos; se lleva en la sangre. Específicamente creen que después de la muerte tienen que repetir los viajes que hicieron durante su vida. Por esa razón se le da al difunto un juego de ropa nueva; se mete un petate en su tumba si es posible, para que el alma errante tenga un lugar para dormir. Además, el difunto consigue una olla de barro, una taza, una escudilla de madera y un *masb'a'e* ('servilleta'), también un sombrero, caites, una red y un mecapal, equipo para hacer fuego, y un techito de hojas de palma para la lluvia, en suma un equipo completo para el viaje. El único artículo omitido es la chamarra de lana que antes era desconocida, pero ahora es normal, y que se cree que muerde el alma en la tumba.

Al difunto le dan un rosario en la mano derecha, de modo que el elemento cristiano también se representa. Por supuesto es importante que la ropa esté en buenas condiciones. Si una persona enfrenta la muerte lejos de su casa, su tarea más importante es remendar su ropa para que aguante la tensión de los viajes largos en el mundo venidero; le da pena si no puede aparecer bien vestido en frente de forasteros.

Por si acaso algo se haya olvidado, al familiar más cercano le aparecerá el alma del difunto en un sueño para recordárselo. Pero como es imposible para reabrir la tumba, meten el artículo que falta en la tumba de la persona próxima a morir, pidiéndole que se lo entregue en el otro mundo al propietario correcto. No se le da comida al difunto, porque el ánima no tiene un cuerpo terrestre y por lo tanto no necesita alimentación. Tzuultaq'a les proporciona a las almas en el otro mundo con la alimentación necesaria. Infrecuentemente resulta que una persona o puede encontrar nuevamente todos los caminos por donde anduvo en esta vida; por lo tanto, se erigen cruces de madera en las encrucijadas. En estos lugares el alma se quita el sombrero y pide señas, con lo cual la cruz da la información necesaria. El alma no necesita desandar lo andado sobre el agua o en áreas con lenguas extranjeras porque únicamente alcanza llegar hasta donde puede caminar con sus fuerzas y sin ayuda ajena.

Varias veces mis cargadores hicieron especulaciones de cómo me iría después de la muerte. Aunque yo andaba a pie igual que ellos, no cargaba mi propio equipaje propio y por lo tanto dependía de la ayuda de otros. Comúnmente se resolvía la cuestión presumiendo que en el otro mundo ellos me acompañarían nuevamente en mis viajes y llevarían mi equipaje.

La persona viva descansa un poco en su casa después de cada viaje, para renovar sus fuerzas antes de emprender un nuevo viaje y así hace el alma después. Por eso, es necesario establecer una casa de descanso apropiado para las almas que regresan y descansan. Varias familias q'eqchi'es colaboran para construir una casa que le dicen *ermita*, para que a la vez sirva como un lugar para dormir, para fiestas y asambleas, así como también para el culto religioso. Si se ha construida una casa así se consagra y se inaugura *(wa'tasanb'il)*; todos los miembros de la cooperativa se reúnen durante la tarde con sus hijos y familiares en la ermita y toman chicha. (Ver Capítulo 2, Alimento y Bebida).

A la medianoche matan un marrano y se salpican y se

manchan los horcones y las vigas con la sangre caliente. Entonces las mujeres destazan el marrano y cocinan la comida festiva que comienza al salir el sol al día siguiente. De un modo parecido pero más sencillo, se consagran las residencias así como también las lanchas de los q'eqchi'es.[2] La ermita es no solamente la casa de entierro para cierta sociedad cooperativa, sino también el centro de la vida social dentro de ese pequeño círculo. Un grupo administrativo aparte se encarga de todo el trabajo necesario y sus miembros avanzan a las categorías superiores después de haber servido en los puestos inferiores. La tesorería de la ermita da préstamos con tazas de interés alto a los miembros del grupo. En el caso de un proyecto personal que solamente puede llevarse a cabo debidamente por un número más grande de personas, como sembrar maíz, cosechar, y posiblemente construir una casa, los socios de una ayuda comunitaria se ayudan uno al otro, pero se espera que el beneficiario va a compensarles a sus ayudantes con una gran comida.

El trabajo comunitarios más grande sigue siendo el mantenimiento de la ermita como casa de entierro. Es porque es necesario asegurarse de que ninguna lluvia, claro de luna, o sol toque las sepulturas y moleste las almas de los difuntos, cuando han regresado agotadas de su viaje a su domicilio terrestre; entonces pueden hablar con comodidad; con sus socios antes de salir a un viaje nuevo.

Cuando la ermita se ha vuelto decrépita o necesita un nuevo techado el presidente de la junta directiva, el "Padre de la Ermita", asigna de una manera justa las obligaciones de donar la mano de obra o el material necesarios entre los miembros individuales de la cooperativa. Cada uno se empeña sin falta a proveer su parte del esfuerzo, porque los que no quieren hacerlo perderían el derecho de enterrarse en la ermita. En cambio, alguna vez se sepultaría como un forastero, quien accidentalmente murió en las cercanías, en una sepultura al aire libre cerca de la ermita y sin su protección. ¡Qué mala suerte!

Las almas que viven en una ermita tienen una asamblea general el Día de Difuntos, el único día durante el año que no se usa la ermita como dormitorio para los forasteros que visitan la aldea. Este día las almas también visitan las casas de sus familiares vivos que ponen alimentos y puros en el altar familiar. Aunque en realidad las almas no pueden usar estos artículos, gustan del olor de los manjares y se van muy contentos. Así, las almas llevan una existencia feliz y contenta viajando hasta que ellos hayan repetido todo los viajes y así han satisfecho sus obligaciones a Tzuultaq'a. Después de esto, deben confesar ante el Dios cristiano y expiar sus pecados. Como los q'eqchi'es imaginan que el Dios cristiano es una persona blanca, sospechan que es dueño de una finca en el más allá parecida a las que los europeos tienen en la Alta Verapaz. Por esa razón creen que van a tener que hacer el mismo tipo de trabajo en el mundo venidero como sobre la tierra (cortando árboles, trabajando en la milpa, limpiando, etc.) hasta que hayan pagado su endeudamiento.

En contraste a las fincas terrestres, donde nunca verán el día en que hayan pagado todos los anticipos, esperan para mejor tratamiento en la vida venidera donde tarde o temprano se verán libres de sus deudas y entonces se le permitirá al alma en el umbral del cielo mientras los ángeles adentro de la casa de Dios le tocan sus instrumentos celestiales (violines, guitarras y arpas). El maya no duda que le van a permitir entrar a la casa del Dios cristiano. Aquí en la faz de la tierra ve a diario que al hombre blanco que visita un finquero vecino lo hacen entrar a la sala, mientras que el maya que lo acompaña debe quedarse en el umbral, o tal vez pueda entrar a la cocina.

Piensa que no va a ser diferente en el cielo, porque el Dios cristiano Dios es el dios de la gente blanca.

Sin embargo, los mayas están contentos; les parece apropiado que el Dios de los blancos tratan a éstos un poco mejor que a los mayas. De igual modo, está convencido de que Tzuultaq'a únicamente se interesa por los mayas, especialmente porque sólo ellos acuden a él. Los extranjeros no se interesan por Tzuultaq'a, el Dueño de las Plantas Útiles. Por consiguiente, cuando un extranjero quiere hacer una milpa, el alcalde rezador de la finca se siente obligado a ofrecer los sacrificios y rezos necesarios como una representación silenciosa para el hacendado europeo.

Lo previo representa aproximadamente la opinión de los q'eqchi'es que siguen las tradiciones antiguas y viven lejos de los centros urbanos. Los indígenas urbanos se han convertido al cristianismo casi totalmente, aunque no podemos hablar del cristianismo puro de una población mezclada contaminada por toda clase de supersticiones. Se puede encontrar mucha variación entre los extremos. Por fuerte que esté el elemento tradicional en las creencias religiosas de los indígenas, seguramente no perturba la paz religiosa en sus corazones, aun cuando la vera paz no puede encontrarse en ellos.

Apéndice
Dos Rezos Q'eqchi'es
(traducidos al alemán por David Sapper)

Rezo de la Tarde a Tzuultaq'a en el Camino.

¡Tú, oh Dios, Tú, Señor de las montañas y de los valles! Yo te he dado un poco de tu comida, de tu bebida [significando los sacrificios]. Ahora paso debajo de tus pies, debajo de tus manos [debajo tu poder], Yo, un viajero.

No te lastima, no te molesta darme toda clase de animales grandes, animales pequeños, ¡Tú, mi Padre!

Tú tienes muchos animales, el pavo silvestre, el faisán silvestre, el jabalí; muéstramelos, abre mis ojos, tómalos y ponlos en mi camino.

Entonces los veo, los observo; estoy debajo de tus pies, debajo de tus manos; tengo suerte, Tú, Señor de las montañas y de los valles. En tu poder, en tu nombre, en tu ser, todo lo posible es disponible en abundancia; quisiera un poco de todo eso. Hoy tal vez tenga que comer mis tortillas secas, aunque estoy en una región de caza rica; Dios puede ver que no hay nada viviente aquí; quizás yo traeré sólo un pavo silvestre, yo lo arrastro aquí.

Ahora te veo, ahora te percibo, ¡a Ti, mi Dios, mi madre, mi padre! No es sólo lo que digo, lo que pienso; no es mucho, nada especial de tu comida, de tu bebida, que te he arrastrado aquí. Si es así o de otra manera, lo que digo y lo que Yo pienso es: ¡Dios! Tú eres mi madre, Tú eres mi padre.

Ahora voy a dormir debajo de tus pies, debajo de tus manos, Tú, El Señor de las montañas y de los valles, Dueño de los árboles y Dueño de las lianas.

¡Mañana tendremos otro día, mañana tendremos el sol de nuevo!

Ya no sé dónde estaré entonces.

¿Quién es mi madre, quien es mi padre? Sólo Tú, mi Dios.

Tú me ves, Tú me proteges en cada camino, en cada obscuridad, en cada impedimento que ocultas, que Tú puedes quitar; Tú mi Dios, Tú mi Señor, Tú el Dueño de las montañas y de las valles.

Solamente esto digo, esto pienso: que sea más, que no sea más, lo que he dicho; Tú toleras, Tú olvidas mis delitos.

El Rezo a Tzuultaq'a Tres Días Antes de la Siembra
de Maíz.

¡Tú, oh Dios, Tú mi Señor, Tú mi madre, Tú mi padre, Tú
el Dueño de las montañas y de los valles!

¡Hoy es el día, ahora hay sol! !Te doy un poco de tu comida,
un poco de tu bebida! Y no es mucho y no es muy bueno lo
que te doy.

Ahora he quemado el sacrificio a la luz del día, a la luz del
sol. ¡Haré lo mismo dentro de tres soles, tres días!

No te lastima Tú, no es problema para ti mostrarte a mi
alma, a mi cuerpo. No te lastima, no es problema para ti
mostrarme mi comida y mi bebida, Tú mi madre, Tú mi padre,
Tú ángel, Dueño de las montañas y de los valles.

¿Quién es mi madre, quien es mi padre? ¡Tú, seguramente:
a causa de la roza de la milpa, el cultivo, a causa de la comida,
de la bebida!

Ahora, oh Señor, estoy a tus pies, en tus manos, para que
mi maíz brote. Tú mi madre, Tú mi padre, Tú, el Dueño de
las montañas y los valles! ¡Deja brotar!

¡Ahora es de día, ahora hay sol! Será los mismo dentro de
tres soles, de tres días. ¡Deja que retoñe, Tú Señor de Pekmo
(un Tzuultaq'a local), Tú Señor de Kojaj [un Tzuultaq'a
vecino], Tú Señora de Chi'itzam (Tzuultaq'a distante pero
poderosa), Tú Señor de Xekab'yuk, Tú Señor de Q'anwen,
Tú Señor de Chakmayik! (de los animales y probablemente
de las plantas).

En tres soles, en tres días [los granos de maíz] se
encontrarán ante tu boca, en frente de tu cara.

No te lastima, no es problema para ti protegerlo de todo lo
que pueda suceder, porque yo lo siembro, porque yo lo cubro
en frente de tu boca, en frente de tu cara.

Que ocultes y refuerces todos tus hijos [animales y

probablemente plantas que le puedan dañar].

¡Tíralos a través de trece montañas, a través de trece valles! No quiero que se muera y desvanecerse, más bien deseo que mi maíz germine y brote.

Después de siete soles, después de siete días cuidaré el brote, después de la germinación que rompe la tierra y sale a la luz del día; después de eso volveré a sembrar.

¡En el nombre del Padre, del Hijo de Dios y del Espíritu Santo!

NOTAS

Las versiones originales de los artículos se encuentran en Seler (1891), Sapper (1901, 1904, 1936) y Termer (1936). Las iniciales entre paréntesis son de los arqueólogos del Instituto de Arqueología de la Universidad de California en Los Angeles, que hace poco hicieron los comentarios indicados.

.. Karl Sapper. Alimentos y bebidas de los q'eqchi'ies

1. Es de bastante interés que otras prácticas religiosas y culturales q'eqchi'es involucran el coito como parte de los ritos de la siembra, a veces hasta en la milpa misma, presumiblemente con el objeto de aumentar la cosecha (Dieseldorf 1928-29; Thompson 1930:49).

2. Milla (1879, 1:38) menciona el "derecho real a la embriaguez" guatemalteco antiguo. Esto, por supuesto, es un contraste interesante con la práctica azteca, que exigía la pena de muerte por el primer delito de los nobles cuando se encontraban bien borrachos.

3. Es interesante que Sapper omite el taro o malanga (*Colocasia esculenta, kekex* en q'eqchi') de su lista de raíces q'eqchi'es. La malanga es una planta sumamente nutritiva (Aguilar Girón 1966:308), con posiblemente tres veces el valor nutritivo de la yuca. Esta omisión puede ser porque *kekex* es una planta de la Baja Verapaz y la discusión de Sapper principalmente discute los productos agrícolas del altiplano. Sin embargo, es curioso que importan bananos de tierra baja.

4. El cacao seguramente se cultivaba en la Baja Verapaz durante la época precolombina, la mayor parte probablemente en las tierras aluviales con buen drenaje a lo largo del Río Chixoy y sus tributarios. Todavía se pueden encontrar el

pataxte (cacao forastero, *Theobroma bicolor*) allí hoy en día

... Karl Sapper. Fray Bartolomé de las Casas y la Verapaz

1. Muchas desventajas resultaron de la reunión de los mayas en las reducciones antiguas en las áreas con poca población, pero con mucha tierra libre. En estos casos cada población o pueblo tenía una cantidad considerable de tierra comunal propia (ejidos). Después, y en las regiones con mucha población las desventajas eran mayores. Cuando se consolidaron las poblaciones y los pueblos, a la nueva comunidad se le otorgaron algunos terrenos comunales, pero según Milla (1879, 2:92) lo que dieron era apreciablemente menos del total de las tierras colectivas que había poseído cada población o pueblo anterior. Así, los habitantes de la nueva entidad eran más desventajados, porque sus ejidos anteriores los confiscaron el gobierno. (K. S., M. B.-C.)

2. Sapper usa la palabra "alma" *(seelische Akklimatisation)*. (T. G.)

3. Ya no puedo sostener la opinión que di en el XV Congreso Internacional de Americanistas que éstos eran ch'oles. (K. S.).

4. En las áreas de Salto de Agua y Palenque todavía existen lakantunes hablantes del ch'ol; por lo tanto una opinión recientemente expresada tiene que rectificarse (Soustelle 1935). (K. S.)

.... Franz Termer. La importancia de los pipiles para la cultura de Guatemala

1. Squier coloca su frontera occidental en el Río Nahualate, muy probablemente por razones arqueológicas. Los informes diferentes de Ximénez (1929: 69), y Alonso Ponce (T 57, 1872:326) no corresponden a los hechos. (F. T.)

2. No sé si los mayas del altiplano conocían la irrigación o recibieron ese conocimiento únicamente del pueblo nahua mexicano. (F. T.)

— Karl Sapper. Las costumbres y las creencias religiosas de los q'eqchi'es

1. Discusiones previas de este tema se publicaron en Sapper 1895, 1897.

2. Estos manchones de sangre en los horcones y en las vigas no se lavan, y yo los había notado frecuentemente, pero ningún indígena me había dado una explicación de su significado. Fue hasta el duodécimo año de mi estancia en Centroamérica que un accidente me trajo la solución al acertijo; a propósito, es una demostración de lo difícil que es encontrar explicaciones para tales cosas. (K. S.)

3. La *ikb'olay*, o 'barba amarilla', es la culebra venenosa más peligrosa del área: *Bothrups atroxasper.*

BIBLIOGRAFIA

Aguilar Girón, José Ignacio
1966 *Relación de unos aspectos de la flora útil de Guatemala*. 2a ed. Guatemala: Tipografía Nacional.

Anónimo
1892 *Isagoge histórica apologética*. Madrid.

Brasseur de Bourbourg, Charles Étienne
1861 *Popol Vuh; le livre sacré et les mythes de l'antiquité américain, avec les livres héroïques et historiques des Quichés*. Paris: August Durand.

Dieseldorf, Erwin P.
1928-29 "Religión y arte de los mayas". *Anales de la Sociedad de Geografía e Historia*, 4:1-4.

Fuentes y Guzmán, Francisco Antonio de
1932-33 *Recordación florida*. Guatemala: Sociedad de Geografía e Historia.

Las Casas, Bartolomé de
1876 *Apologética histórica*. Documentos inéditos.

Lehmann, Walter
1906 "Die mexikanische Grünsteinfigur des Musée Guimet in Paris". *Globus* 90:60.
1920 *Zentral America: Die Sprachen Zentral Amerikas in ihren Beziehungen zueinander sowie zu Südamerika und Mexico*. Berlin: D. Reimer.

Lothrop, Samuel K.
1933 *Atitlán: an Archaeological Study of the Ancient Remains on the Borders of Lake Atitlán, Guatemala*. Washington: Carnegie Institution.

Milla, José
1879 *Historia de la America Central desde los primeros españoles (1502) hasta su independencia de la España (1821).* Guatemala. (Reimpreso por la Tipografía Nacional en 1937 y por Piedra Santa en 1976).

Navarrete,
1880 *Colección de viajes.* Madrid.

Oviedo y Valdés, Francisco de
1855 *Historia general de las Indias.* Madrid.

Ponce, Alonso
1872 *Relación breve y verdadera de algunas cosas de las muchas que sucedieron al Padre Fray Alonzo Ponce.* Documentos inéditos. T. 57. Madrid.

Remesal, Antonio de
1932 *Historia general de las Indias Occidentales y particular de la Gobernación de Chiapas y Guatemala.* 2a ed. Guatemala: Sociedad de Geografía e Historia.

Sapper, Karl
1895 "Die Gebräuche und religiöse Anschauungen der Kekchí Indianer". *Internationales Archiv für Ethnographie* 8:195-215.
1897 *Das nordliche Mittel Amerika nebst einem Ausflug nach dem Hochland von Anáhuac.* Braunschweig: F. Viehweg & Sohn.
1901 "Speise und Trank der Kekchiindianer". *Globus* 80:259-263.
1904 "Religiöse Gebräuche und Anschauungen der Kekchi Indianer". *Archiv für Religionswissenschaft,* 70:453-470.
1906 "Título del Barrio de Santa Ana de 24 de agosto, 1565". *XIV Congreso de Americanistas, Stuttgart,* 1904.

1936 "Fray Bartolomé de las Casas und die Verapaz (Nordost-Guatemala)", *Baessler-Archiv*, 19:102-107.

Schultze Jena, Leonhard
1933 *Leben, Glauben y Sprache der Quiché von Guatemala. (Indiana, I).* Jena: Gustav Fischer.

Seler, Eduard
1891 "Alterthümer aus Cobán in Guatemala". *Zeitschrift für Ethnologie* 23:828-829.

Squier. E. G.
1858 *The States of Central America.* New York: Harper.

Termer, Franz
1934 "ÜberWanderungen indianischer Stämme". *Actas y trabajos del XXVI Congreso Internacional de Americanistas, Buenos Aires.* v. 1:255-261.
1935 "Über die Aufgaben der archäologischen Forschungen in den Hochländern des nördlichen Mittelamerika". *XXVI Congreso Internacional de Americanistas, Sevilla,* 1:255-261.
1936 "Die Bedeutung der Pipiles für die Kulturgestaltung in Guatemala", *Baessler-Archiv* 19:108-113.

Thompson, J. Eric S.
1930 *Ethnography of the Mayas of Southern and Central Honduras.* New York: Field Museum of Natural History.

Torquemada, Fray Juan de
1723 *Monarchía indiana.* 4a ed. (1969). México: Editorial Porrúa.

Ximénez, Fray Francisco
1925 Historia de la Provincia de San Vicente de Chiapas y Guatemala de la Orden de Predicadores. 3 v. Guatemala: Biblioteca "Goathemala".

IMPRESION
CENTRO IMPRESOR
PIEDRA SANTA